汉字从哪里来

——从甲骨文说起

第五级

王本兴/著

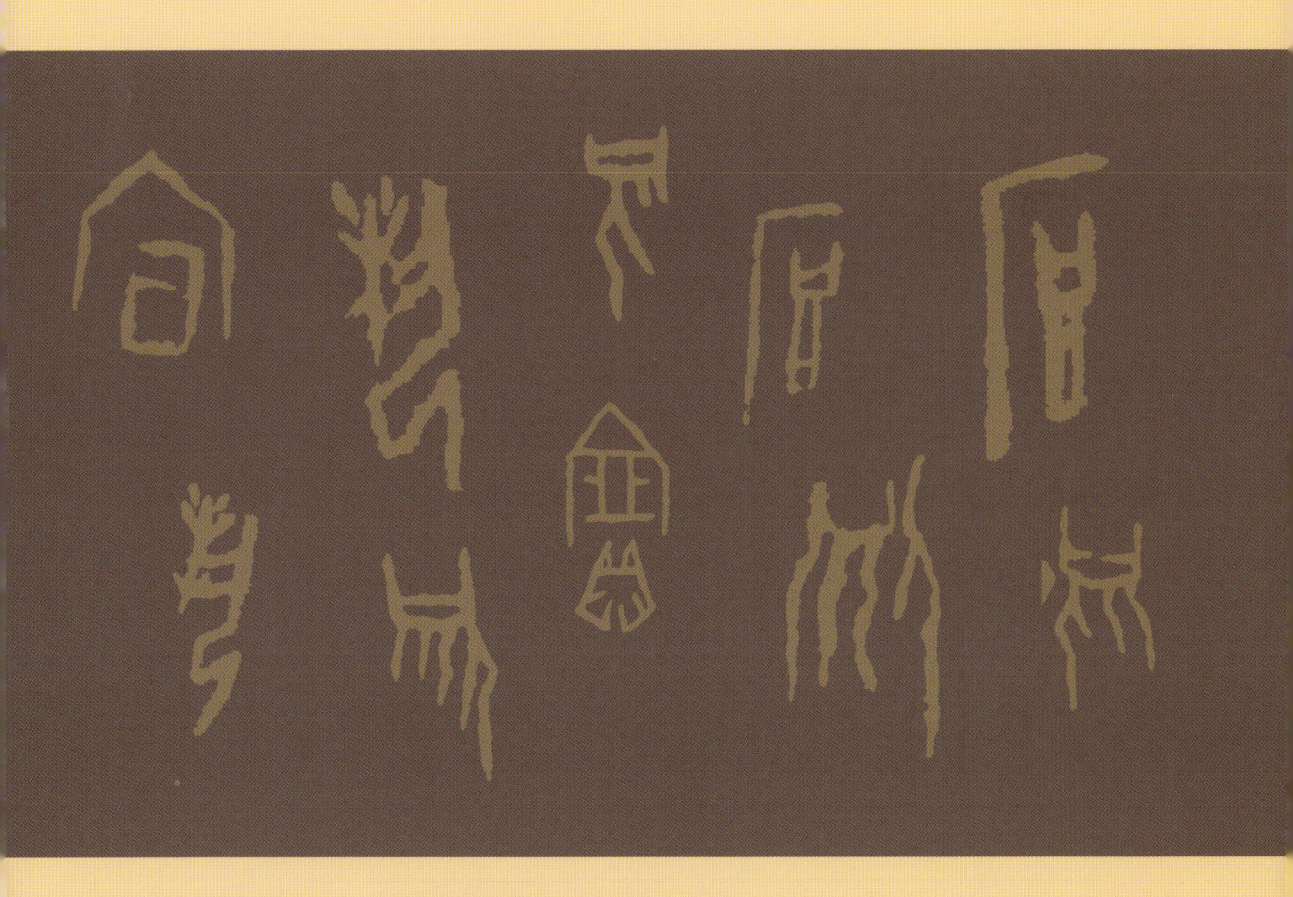

海峡出版发行集团|福建教育出版社

图书在版编目（CIP）数据

汉字从哪里来：从甲骨文说起. 第五级/王本兴著. —福州：福建教育出版社，2024.5
ISBN 978-7-5334-9701-9

Ⅰ.①汉… Ⅱ.①王… Ⅲ.①甲骨文—少儿读物 Ⅳ.①K877.1-49

中国国家版本馆 CIP 数据核字（2023）第 120013 号

策划编辑：雷　娜
丛书编辑：朱蕴茝
责任编辑：雷　娜
封面设计：季凯闻
版式设计：邓伦香

Hanzi Cong Nali Lai

汉字从哪里来
——从甲骨文说起　第五级

王本兴　著

出版发行　福建教育出版社
（福州市梦山路 27 号　邮编：350025　网址：www.fep.com.cn
编辑部电话：0591-83763280
发行部电话：0591-83721876　87115073　010-62024258）

出 版 人　江金辉

印　　刷　福建新华联合印务集团有限公司
（福州市晋安区福兴大道 42 号　邮编：350014）

开　　本　787 毫米×1092 毫米　1/16
印　　张　9.25
字　　数　136 千字
版　　次　2024 年 5 月第 1 版　2024 年 5 月第 1 次印刷
书　　号　ISBN 978-7-5334-9701-9
定　　价　48.00 元

如发现本书印装质量问题，请向本社出版科（电话：0591-83726019）调换。

前　言

　　小朋友，你知道今天的汉字，是从哪儿来的吗？——是从甲骨文演变、发展而来的。

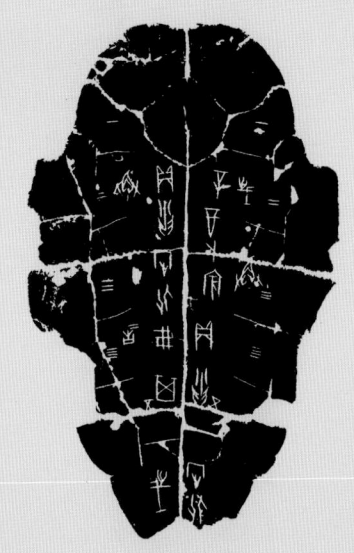

龟甲上的文字　　　　　龟甲上的文字拓片

　　甲骨文是什么朝代的文字？离今天有多少年了？——甲骨文是中国殷商时代的文字，是中国最早、最古老的文字，距今已有三千多年了。这些文字用刀刻在龟甲、牛骨等兽骨片上面，所以称为甲骨文。

兽骨上的文字　　　　　兽骨上的文字拓片

时代变迁，甲骨文被深深地埋在地下。1899年有个叫王懿荣的人首次发现了甲骨文。

甲骨文在什么地方出土？人们已经认识了多少甲骨文字呢？——甲骨文是在现在的河南省安阳市小屯村殷墟发掘出土的。经过许多专家的研究分析，目前认识确定了1400多字。

学甲骨文难吗？小朋友能学习甲骨文吗？——能！事实证明，今天成熟的汉字是个"美男子"，他在三千多年前孕育，后在殷商时代诞生。从"辈分"上看，甲骨文是汉字的"少儿期"，少年儿童学"少儿汉字"最适合不过了。小朋友们，你们一定会喜欢甲骨文，一定会学好甲骨文的，加油！

河南安阳殷墟甲骨文博物馆

小朋友，另想说明一下：《汉字从哪里来》参照小学《语文》课本，从识字表、写字表及课文里选取文字，汇编为12级（册），每级70个字。每个字都有宋体、拼音、来历、成因、字性、本义、现代含义、词语、成语、拓片、书写笔顺等元素。一字一图，以图识文，以文寓图，图文并茂，简明扼要，突出了汉字的图画性、象形性与趣味性。还带有该甲骨文字的篆刻或书法作品，有助你开启书法篆刻艺术之门。可以说，每个字，形、音、义齐全，书、诗、画、印皆有，对心灵的文化熏陶与学习，对艺术的熏陶与传承，会有很大裨益。很适合你求进学习！

王本兴

戊戌年秋于南京凤凰西街59号四喜堂

目 录

族	2	厚	40
服	4	曲	42
敬	6	温	44
突	8	处	46
热	10	丰	48
得	12	离	50
流	14	发	52
世	16	匆	54
戒	18	旅	56
楚	20	齿	58
逐	22	厅	60
名	24	登	62
振	26	富	64
立	28	柴	66
君	30	燃	68
晶	32	蛛	70
须	34	旧	72
旁	36	敢	74
印	38	以	76

定 …… 78	欠 …… 110
强 …… 80	宜 …… 112
盘 …… 82	未 …… 114
斧 …… 84	逢 …… 116
推 …… 86	载 …… 118
骨 …… 88	膝 …… 120
泪 …… 90	临 …… 122
宣 …… 92	宝 …… 124
孝 …… 94	畅 …… 126
顺 …… 96	粪 …… 128
网 …… 98	视 …… 130
卜 …… 100	乳 …… 132
弹 …… 102	联 …… 134
典 …… 104	武 …… 136
唐 …… 106	亚 …… 138
图 …… 108	爽 …… 140

族 zú

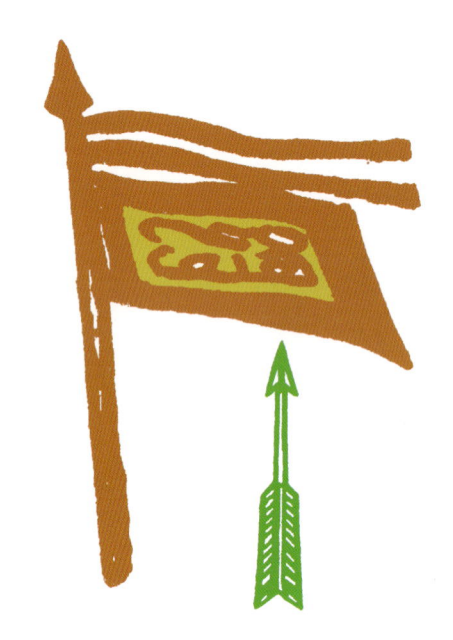

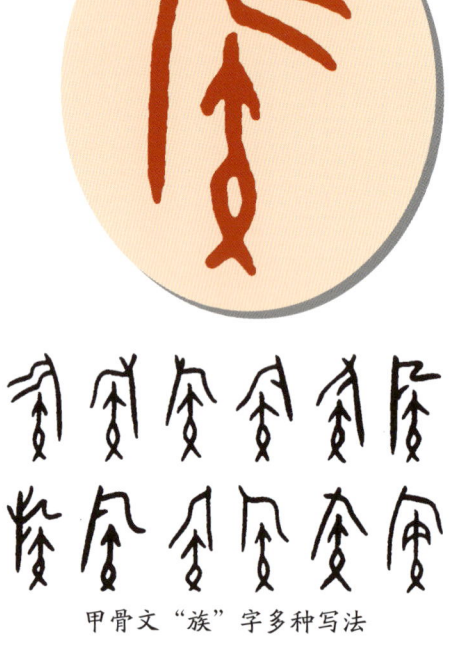

甲骨文"族"字多种写法

甲骨文"族"字，合体构形，上像旗帜形，下从矢（或两个矢），可会在大旗之下聚合之意。古代的同一宗族、氏族或家族为一个战斗单位，故以旗、矢表示族。属会意字。

本义指众多箭矢聚集在一起。后来也解释为家族、种族、种类等。

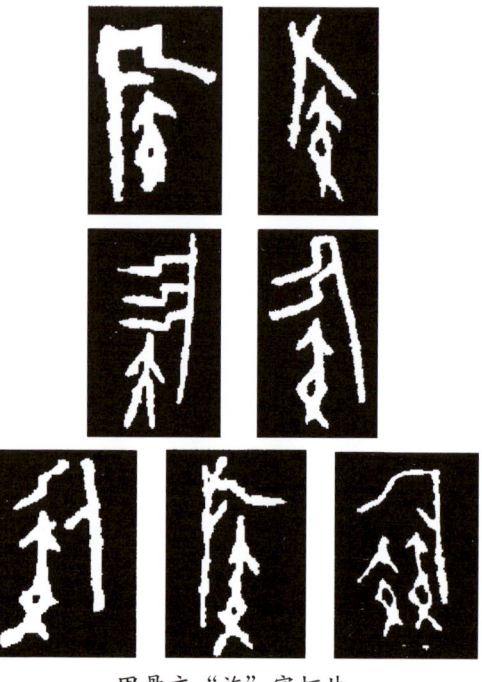

甲骨文"族"字拓片

第五级

书写时先写代表旗帜的笔画,再写矢部笔画。

读一读
　　族人、族谱、族长、高门大族、聚族而居、名门望族。

56个民族大团结

傣族泼水节

民族舞
（甲骨文书法）

中华民族
（甲骨文篆刻）

3

fú
服

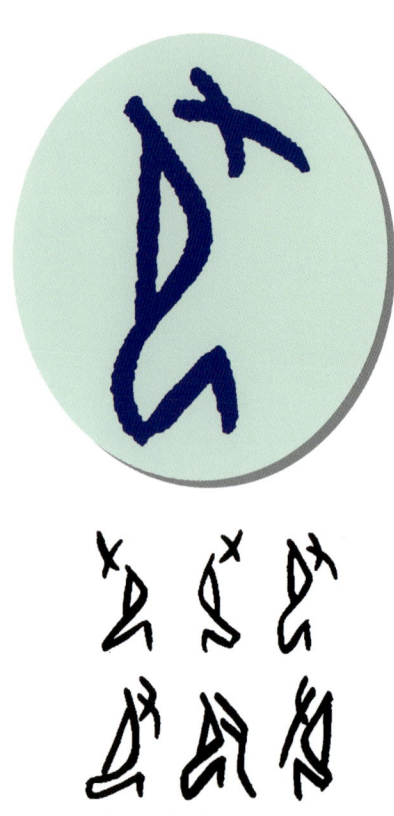

甲骨文"服"字多种写法

甲骨文"服"字，上面从又，下面像一个跪着的人，表示用手压下跪之人，使其顺从之意。属会意字。

本义为压服人。后来也解释为担任、衣服、适应、使信服、吃、承认等。

甲骨文"服"字拓片

书写时应先写代表跪着的人的笔画，注意笔锋捻转换向要顺其自然，握笔平稳，造型要生动而有气息。后书写代表手的笔画。甲骨文"服"字写法有多种，只是其大小、势向有所不同。书写时要注重用笔力度与线条质感。

读一读

服务、服役、服帖、服气、服软、克服、收服、心服口服、心悦诚服、以理服人、水土不服、奇装异服。

穿汉服的女孩

善而可服
（甲骨文书法）

拓展阅读

绕口令

华华有两件粉红衣服，红红有两件太空服。
华华想要太空服，红红想穿粉红衣服。
华华送红红一件粉红衣服，红红给华华一件太空服。
她们每人都有一件粉红衣服和一件太空服。

心服口服
（甲骨文篆刻）

jìng
敬

甲骨文"敬"字多种写法

甲骨文"敬"字，上下结构，上面像狗的两只耳朵，下面像一个跪坐之人。两形会意，表示像狗一样恭顺听话之人。后在中下部又加了一"口"字部，表示听从主人教诲。

本义是恭敬、尊重。引申为有礼貌等义。

甲骨文"敬"字拓片

用毛笔书写时从上至下顺序而书,亦可先写下部代表跪着人的主体部分,再写上端代表犬耳的笔画。注意结体布白要平稳对应,结体造型要灵动活泼,线条要注意凝重朴实而有力度。

读一读

敬礼、敬爱、敬佩、敬重、致敬、可敬、恭恭敬敬、敬而远之、相敬如宾、肃然起敬、敬业乐群。

拓展阅读

独坐敬亭山

[唐]李白

众鸟高飞尽,孤云独去闲。

相看两不厌,只有敬亭山。

敬师
(甲骨文书法)

致敬最可爱的人

可敬可亲
(甲骨文篆刻)

突 tū

甲骨文"突"字多种写法

甲骨文"突"字，从穴，像洞穴之形，从犬，像狗之形，表示狗在洞穴中向外窜之状。属会意字。

本义指急速向外冲，由"急速"又引申为突然。由本义引申为地形的凸出，所以后来"突"也解释为猛冲、凸起等。

甲骨文"突"字拓片

第五级

书写时先写穴部笔画，再写犬部笔画。

读一读

突然、突出、突破、突变、突兀、风云突变、突发奇想、突飞猛进。

趵突泉

拓展阅读

"曲突徙（xǐ）薪"成语故事

古时候，有个人盖了一座新房，人们纷纷称赞这房子造得好。可有一个宾客却提出："您家的烟囱是笔直通上去的，容易引起火灾，最好加一段弯曲的通道，而且灶门前的柴草也要搬远一点。"主人听了心里非常不爽，当然也没有采纳这些意见。

过了几天，这家的厨房失火，左邻右舍齐心协力才把大火扑灭。主人为了酬谢帮忙救火的人，专门摆了酒席。可唯独没有请那个提出忠告的人。这时，有人说："您把帮助救火的人都请了，为什么不请给您提建议的人呢？如果您当初听了他的劝告，就不会发生这场火灾了。这岂不是曲突（突：烟囱）徙薪（徙：移动；薪：柴草）无恩泽，焦头烂额为上客吗？"主人听了以后恍然大悟，连忙把那个提出忠告的人请来。

唐突
（甲骨文书法）

突如其来
（甲骨文篆刻）

9

热 rè

甲骨文"热"字多种写法

甲骨文"热"字,为合体构形。从丮(jǐ),像一人跪着,也有从手的,像手之形;从尞(liǎo),像用草木做的火把燃烧之形。可会火把燃烧,使人感到灼热之意。属会意字。

本义为灼热。后来也解释为温度高、情意深厚、受欢迎的等。

甲骨文"热"字拓片

书写时先写孔部笔画，再写灬部笔画。注意两者紧密配合，互相穿插，自然灵活。

读一读

热心、热爱、炎热、闷热、火热、热情洋溢、热闹非凡、热血沸腾、热泪盈眶、水深火热。

猜一猜

手去捞水上漂浮的丸子。

（打一字）

拓展阅读

夏夜追凉

［宋］杨万里

夜热依然午热同，
开门小立月明中。
竹深树密虫鸣处，
时有微凉不是风。

热气球

热气腾腾的火锅

热火朝天
（甲骨文篆刻）

得

其他读音：de，děi

甲骨文"得"字，以手持贝之形，表示获得、得到的意思。有些加"行"，表示在行路上拾得贝，属会意字。

本义是指获得、得到。后来也解释为得意、适合、完成、演算产生结果等。

甲骨文"得"字多种写法

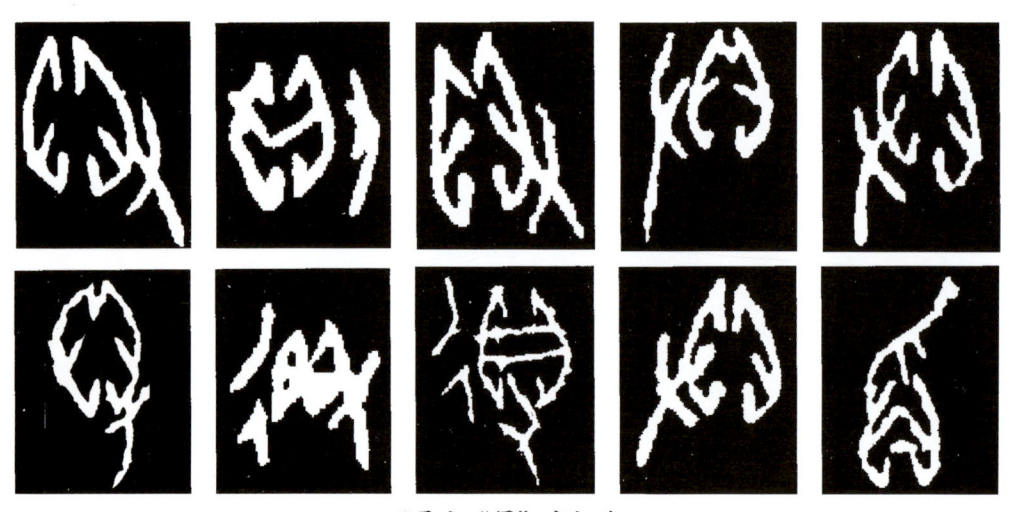

甲骨文"得"字拓片

书写时先写贝字，再写代表手的又部笔画，最后写其他笔画。

读一读

得知、得胜、得失、得力、心得、舍得（de）、非得（děi）、哭笑不得、适得其反、心安理得、得过且过、得意洋洋、得天独厚、得寸进尺。

拓展阅读

战国时期伟大的思想家孟子说："心之官则思，思则得之，不思则不得也。"意思是：脑筋的功能就是思索考虑，思考就可以获得真知，不思考就什么收获也没有。寓意：要勤思考，多学习。

（心：古人以为心是思维器官，所以把思想的器官、感情等都说作心；官：官能，作用。）

深得民心
（甲骨文书法）

种瓜得瓜，种豆得豆

新苗得雨
（甲骨文篆刻）

汉字从哪里来——从甲骨文说起

liú
流

甲骨文"流"字多种写法

    甲骨文"流"字，从古，像刚从母体出来的新生儿，旁边的小点，表示生产时的羊水。可会流出之意。属象形会意字。
    本义是流出。后来也解释为液体移动、传播、等级等。

甲骨文"流"字拓片

一 十 古 洁 浩

书写时先写子部笔画，再写四周的点画。

读一读

流浪、流泪、流传、轮流、逆流、主流、流连忘返、汗流浃背、落花流水、流言蜚语、流星赶月、流芳百世。

拓展阅读

山居秋暝

〔唐〕王维

空山新雨后，天气晚来秋。
明月松间照，清泉石上流。
竹喧归浣女，莲动下渔舟。
随意春芳歇，王孙自可留。

飞流直下

川流不息
（甲骨文书法）

孙悟空大闹天宫的故事广为流传

高山流水
（甲骨文篆刻）

shì
世

甲骨文"世"字多种写法

甲骨文"世"字,上从竹,像竹之形,下从止,像脚趾之形,止上部的三个圆圈或圆点为指事符,以与止区别,但仍以止为声。属形声指事字。

本义指世代更替延叠,后来也解释为时代、人的一生、社会等。

甲骨文"世"字拓片

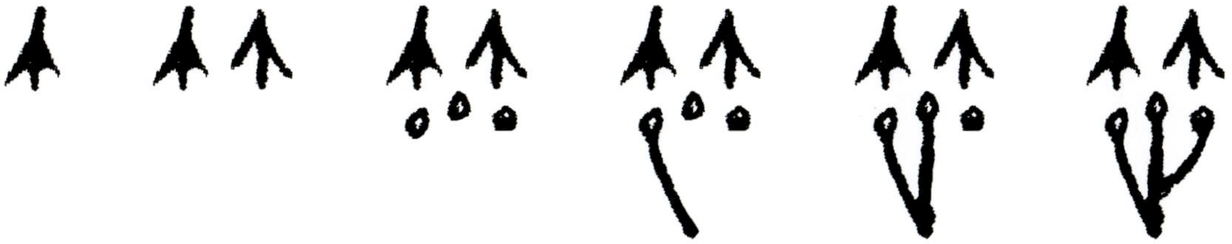

书写时从上至下、从左往右顺序而书。注意竹部要写得疏朗别致。止部写完后,再写上端的点画,三点画无论是虚是实,皆不宜写得过大,形态要各有特色。

读一读

世纪、世俗、世故、世交、世道、与世隔绝、世态炎凉、世外桃源、世世代代、不可一世、大千世界。

孔子是享誉世界的大思想家

五世其昌
（甲骨文书法）

童话世界

举世闻名
（甲骨文篆刻）

戒 jiè

甲骨文"戒"字，从戈，像古代兵器戈形，从二手，像双手之形。表示以双手持戈之状，可会警戒之意。属会意字。

本义指警戒。后来也解释为戒除、戒指、佛教戒律等。

甲骨文"戒"字多种写法

甲骨文"戒"字拓片

书写时先写戈部笔画，再写代表双手的笔画。注意两者之间距离、大小、长短等的变化。

读一读

戒律、戒严、戒除、犯戒、引以为戒、戒备森严、戒骄戒躁。

拓展阅读

"猪八戒吃人参果，全不知滋味"，比喻吃东西狼吞虎咽，来不及细尝。也比喻看书做事贪多务得，实则无所收获。

典故出自《西游记》，唐僧他们师徒到万寿山五庄观做客，猴哥打了三个人参果，猪八戒拿过人参果就塞在嘴里，连嚼也没嚼就咽了下去，完全不知道什么味。

后车之戒
（甲骨文书法）

劝爸爸戒烟

戒晨鼓
（甲骨文篆刻）

chǔ
楚

甲骨文"楚"字多种写法

甲骨文"楚"字，从林，像树木之形，从口，表示人居住的村邑（yì），从止，像脚趾之形。表示人居住在荆棘丛生、树木茂密的原始丛林，可会开辟山林征服草莽之义。属会意字。

本义为征服荆棘丛林。后来也解释为痛苦、清晰等。

甲骨文"楚"字拓片

甲骨文"楚"字的写法较多，可参照所附图例与拓片。书写时从左往右、从上至下顺序而书。

读一读

苦楚、清楚、酸楚、痛楚、一清二楚、四面楚歌、楚楚可怜。

拓展阅读

望天门山

[唐] 李白

天门中断楚江开，碧水东流至此回。
两岸青山相对出，孤帆一片日边来。

西楚霸王项羽雕像

新楚
（甲骨文书法）

楚楚动人
（甲骨文篆刻）

逐 zhú

甲骨文"逐"字多种写法

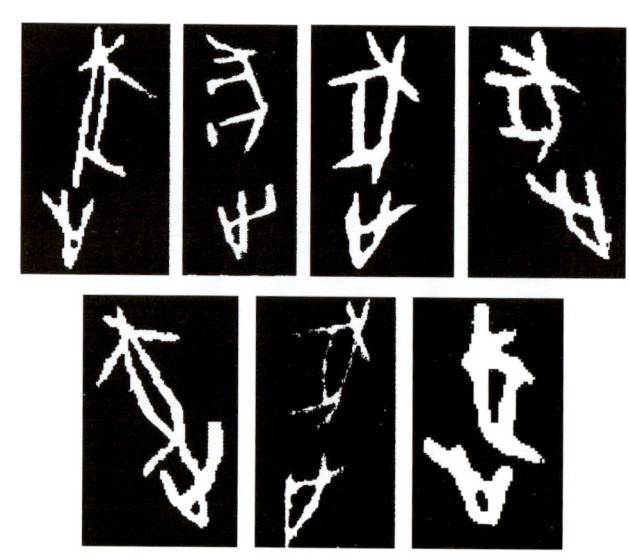

甲骨文"逐"字拓片

甲骨文"逐"字，上从豕，像一头猪之形，下从止，像脚趾之形。两形会意，指追赶野兽之意。属会意字。

本义指追赶猪一类的动物，即追逐野兽。后来也解释为追赶、驱逐、挨着（次序）等。

甲骨文"逐"字的写法较多，可参照所附图例与拓片。书写时从上至下顺序而书，注意豕部笔画不要写得过长，用笔提按有度，淹留得法，方圆兼备。止部结体与上部要协调呼应，注意底部接笔处要干净利落。

读一读

逐渐、逐步、逐日、逐级、放逐、舍本逐末、随波逐流、逐字逐句。

豹子追逐猎物

追风逐电
（甲骨文书法）

刺猬把散落的红枣逐个归拢到一起

逐鹿中原
（甲骨文篆刻）

名 míng

甲骨文"名"字多种写法

甲骨文"名"字，上下结体（有左右结体），下端从口，表示在呼唤，上端从月。两形会意，表示人们在夜晚相遇，无法看清对方是谁，需呼叫名字才能相认之意。这就是"名"的由来。属会意字。

本义是指呼叫名字。后来也解释为出名的、说出、占有、名声、名义等。

甲骨文"名"字拓片

书写时无论月部在上、在左还是在右,皆先写月部,再写口部,注意两者要协调,要写得端庄匀称典雅。

读一读

名望、名气、名次、名称、知名、著名、大名鼎鼎、名列前茅、名山大川、名垂青史。

拓展阅读

名人名言

时间就像海绵里的水,只要愿挤,总还是有的。　　　　　　　　——鲁迅

读一本好书就像和一个高尚的人谈话。　　　　　　　　——歌德

读书有三到,谓心到,眼到,口到。　　　　　　　　——朱熹

勤能补拙是良训,一分辛苦一分才。　　　　　　　　——华罗庚

贫不足羞,可羞是贫而无志。——吕坤

名垂青史
(甲骨文书法)

名胜古迹——布达拉宫

名正言顺
(甲骨文篆刻)

振 zhèn

甲骨文"振"字多种写法

甲骨文"振"字,从彳(chì),像人行道之形;从臼(jiù),像两手之形;从辰,像犁地的农具之形;从止,像脚趾之形,加点者表示泥土。可会双手扶着犁具,不断向前行进之意。属会意字。

本义为摇动或振动。后来也解释为奋起。

甲骨文"振"字拓片

书写时从左往右、从上至下顺序而书。

读一读

　　振荡、振动、振作、共振、萎靡不振、一蹶不振、振聋发聩、振振有词。

牧童骑黄牛，歌声振林樾

振奋人心
（甲骨文书法）

振翅高飞

振兴中华
（甲骨文篆刻）

立

甲骨文"立"字多种写法

甲骨文"立"字，上方像站着一人，下方一条横线表示大地，象征人站立在地面上之意。属会意字。甲骨文"立"字通假"位"。

本义指人站立着。后来也解释为建立、存在、君主即位、立刻等。

甲骨文"立"字拓片

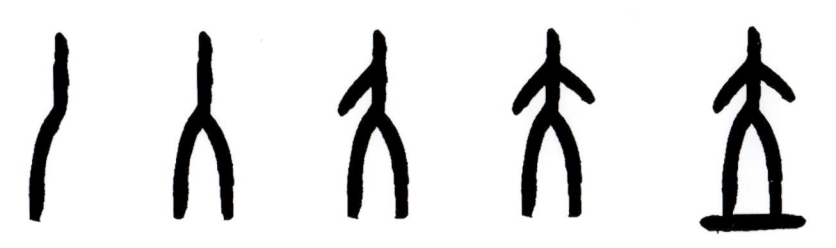

书写时先写人部笔画,再写左右短斜画,最后写下面一横画。注意笔致衔接与势向,并强调线条质量。

读一读

立即、立场、立功、立秋、独立、自立、直立、安身立命、顶天立地、势不两立、立竿见影、戴罪立功。

拓展阅读

竹 石
[清]郑燮

咬定青山不放松,立根原在破岩中。
千磨万击还坚劲,任尔东西南北风。

立春

一个亭亭玉立的女孩在弹钢琴

立新风
(甲骨文篆刻)

君 jūn

甲骨文"君"字，从尹，像手持棍杖的样子，从口，用嘴发布命令。意指能发号施令的掌权之人。属会意字。

本义为能发号施令的掌权人。后来也解释为对人的尊称等。

甲骨文"君"字多种写法

甲骨文"君"字拓片

书写时先写长竖画，再写代表手的又部，最后写下面的口部。注意又部与竖画一般不要脱接，又部可写得稍上一点。线条特别强调粗细、凝重、朴厚等变化。

读一读

君臣、君王、仁君、国君、君圣臣贤、君子协定。

拓展阅读

赠刘景文

[宋] 苏轼

荷尽已无擎雨盖，
菊残犹有傲霜枝。
一年好景君须记，
最是橙黄橘绿时。

花中四君子

正人君子
（甲骨文书法）

老君石刻造像

博物君子
（甲骨文篆刻）

jīng

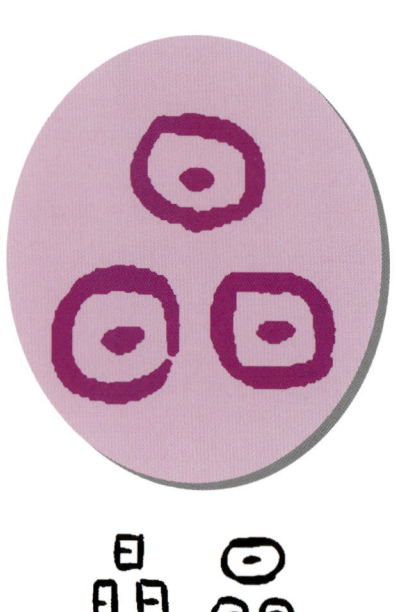

晶

甲骨文"晶"字多种写法

甲骨文"晶"字,像天上有三个太阳堆叠在一起。"三"为众多,表示特别亮之意。属象形会意字。

本义指光亮、明亮。后来也解释为水晶、晶体等。

甲骨文"晶"字拓片

书写时从上至下、从左往右顺序而书。日部用方折笔画书写时，用三笔或四笔写成，日部用圆曲笔画书写时，对应写出圆画，在底部衔接封口。注意三者之间形体、用笔皆要有变化与不同，讲究气息与韵味。

读一读

晶体、结晶、冰晶、油光晶亮、晶光夺目。

水晶

晶莹剔透的露珠

草木亦晶光
（甲骨文书法）

水晶宫
（甲骨文篆刻）

xū
须

甲骨文"须"字多种写法

　　甲骨文"须"字，从人，像人侧视之形，从口或从"凵"符号，像人的面部或下巴形。表示下巴长胡子之意。属象形字。
　　本义为胡须。后来也解释为等待、须要等。

甲骨文"须"字拓片

书写时先写代表人面或下巴的笔画,再写代表胡须和人部的笔画。

读一读

必须、何须、无须、须要、须臾之间、溜须拍马、须眉交白、须眉皓然、割须弃袍。

拓展阅读

凉州词二首·其一

[唐]王之涣

黄河远上白云间,
一片孤城万仞山。
羌笛何须怨杨柳,
春风不度玉门关。

玉米须

龙须友
(甲骨文书法)

小猫长着细长的胡须

须臾不离
(甲骨文篆刻)

旁 páng

甲骨文"旁"字，从凡，像田亩边界之形，也有人认为是方形的井盘之形；从方，像犁田的农具形，并兼作标声。两形会意，表示犁田耕作之意。属会意形声字。

本义指犁田劳作。后来也解释为旁边、其他、广泛等。

甲骨文"旁"字多种写法

甲骨文"旁"字拓片

书写时从上至下，先写上面代表井盘的凡部，可写得稍宽绰一些，再写下面方部。

读一读

旁边、旁人、两旁、旁支、旁听、旁若无人、责无旁贷、旁敲侧击、袖手旁观。

拓展阅读

"道旁苦李"成语故事

王戎七岁时，曾经与很多小孩一起到外边玩耍，看到路旁的李子树上长满了李子，枝头压得很低。其他小朋友赶忙跑过去摘李子，只有王戎不动。别人问他为什么不去摘，他说李子树在路边能有这么多李子，证明其很酸苦，否则早被摘光了。后来，人们尝了那些李子，果然是苦的。因此，"道旁苦李"用来比喻那些不被重视或被认为是无用的东西。

旁征博引（甲骨文书法）

旁逸斜出

路旁的萱草探出脑袋

旁门左道（甲骨文篆刻）

印 yìn

甲骨文"印"字多种写法

甲骨文"印"字，从爪，像手之形；从卩（jié），像人跪坐之状。可会用手按着一个人使之跪下之意。应为"抑""摁"的本字。属会意字。

本义指按压。后来也解释为痕迹、图章、符合等。

甲骨文"印"字拓片

书写时先写爪部笔画，再写卩部笔画。

读一读

印象、印刷、印发、印痕、印记、烙印、心心相印、飞鸿印雪、封金挂印。

这是一块印着落叶图案的、闪闪发光的地毯

树叶拓印画

拓展阅读

游园不值

［宋］叶绍翁

应怜屐齿印苍苔，
小扣柴扉久不开。
春色满园关不住，
一枝红杏出墙来。

书印
（甲骨文篆刻）

厚 hòu

甲骨文"厚"字多种写法

甲骨文"厚"字，从厂，像山崖之形；从郭，像傍山崖而建的城垣之形。可会垣厚之意。属会意字。

本义指城垣厚。后来也解释为厚度、（味道）浓、优待、多、深等。

甲骨文"厚"字拓片

书写时先写厂部笔画,再写代表城垣的笔画。注意结体要写得浑朴厚实,蕴藉凝重。

读一读

厚度、厚重、厚实、厚望、厚爱、深厚、天高地厚、深情厚意、无可厚非、厚颜无耻、厚此薄彼。

地上的雪厚厚的　　　　　　　黑熊的皮毛又密又厚

未可厚非
（甲骨文书法）

处厚
（甲骨文篆刻）

qū
曲

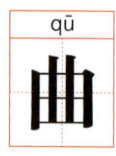

其他读音：qǔ

甲骨文"曲"字多种写法

> 甲骨文"曲"字，像是竹、柳编制的筐或篓等物的局部剖面形，以此表示弯曲之义。属象形字。
>
> 本义是指竹木编的筐篓等器具。后来也解释为弯曲、不公正、歌曲（qǔ）等。

甲骨文"曲"字拓片

ㄴㄷㄴㄴㄴ凸凸

书写时从外向里,先写外框笔画,注意不要写得过窄过小,再写里面的笔画,注意结体、线条不要写得死板僵滞,强调率意自然。

读一读

曲折、曲解、弯曲、委曲、扭曲、戏曲（qǔ）、是非曲直、曲意逢迎、曲径通幽、曲尽其妙、曲（qǔ）终人散。

小动物们合奏出一首美妙的乐曲

春朝听曲　秋夜赏月
（甲骨文书法）

蕨菜顶部的叶芽向内弯曲

大音自成曲
（甲骨文篆刻）

温 wēn

甲骨文"温"字多种写法

甲骨文"温"字拓片

甲骨文"温"字，从人，人侧视形，两边带点者表示水滴；从皿，表示可装水的器皿。人上从日或从口，皆指太阳，表示像在太阳下一样温暖。可会人在温暖的热水中沐浴意。属会意字。

本义指沐浴。后来也解释为不冷不热、温柔、温习等。

书写时先写中部凹曲笔画,再写器皿底座,最后写上部日部与人部及其他笔画。注意主曲画要一波三折,顿挫而有节律。其他部首与线条要有大小、粗细等丰富的变化。

读一读

温度、温馨、温润、温和、常温、温婉可人、温文尔雅。

拓展阅读

孔子说:"温故而知新,可以为师矣。"意思是温习旧知识从而得知新的理解与体会,凭借这一点就可以成为老师了。说明人们的新知识、新学问往往都是在过去所学知识的基础上发展而来的道理。

温暖的阳光照在身上

温柔敦厚
(甲骨文书法)

温室草莓

温水
(甲骨文篆刻)

处

chǔ

其他读音：chù

甲骨文"处"字多种写法

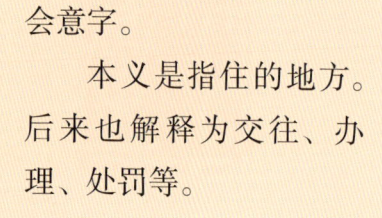

甲骨文"处"字，从宀，像房屋之形；从止，像人的脚趾之形。可会人至居住地而停下之意。属会意字。

本义是指住的地方。后来也解释为交往、办理、处罚等。

甲骨文"处"字拓片

书写时从上至下顺序而书。可先写广部笔画,注意要写得稍宽绰一些。再写止部笔画。用笔要拙朴老到,线条提按、顿挫、节律要丰富,要有韵味。

读一读

处置、处罚、处境、处事、处决、出处(chù)、到处(chù)、处心积虑、处之泰然、处变不惊、一无是处(chù)、恰到好处(chù)。

得休休处且休休
(甲骨文书法)

海面上到处是渔船

非处方药和处方药标识

白云生处有人家
(甲骨文篆刻)

汉字从哪里来——从甲骨文说起

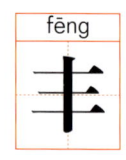

fēng
丰

甲骨文"丰"字多种写法

甲骨文"丰"字，下方从豆，表示古代的豆器；上方从两个对应的"亡"字，表示豆器中所盛实物。可会盛满物品之意。属会意字。

本义指丰满。后来也解释为美好的容貌和姿态、丰富、大等。

甲骨文"丰"字拓片

第五级

书写时从左往右、从上至下顺序而书。

读一读

丰盈、丰硕、丰碑、丰实、丰富多彩、丰功伟绩、丰衣足食、瑞雪兆丰年。

拓展阅读

西江月·夜行黄沙道中

［宋］辛弃疾

明月别枝惊鹊，清风半夜鸣蝉。
稻花香里说丰年，听取蛙声一片。
七八个星天外，两三点雨山前。
旧时茅店社林边，路转溪桥忽见。

芦柑丰收了

五谷丰登
（甲骨文篆刻）

49

离 lí

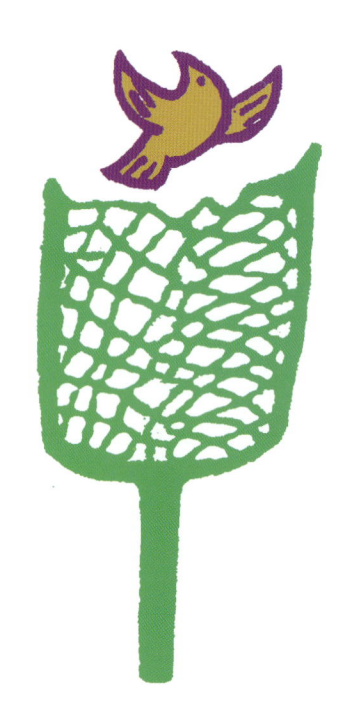

甲骨文"离"字多种写法

甲骨文"离"字,上下构形。上从隹(zhuī),像一只鸟的形状;下从毕(bì),像一长柄的猎网工具。两形会意,表示以网捕鸟。属会意字。

本义指捕鸟。后来也解释为分开、相距、缺少等。

甲骨文"离"字拓片

书写时先写佳部笔画，再写毕部笔画。注意两者的衔接、大小、长短等变化。

读一读

离休、离散、离别、分离、距离、离心离德、离经叛道、流离失所、若即若离、离弦之箭。

拓展阅读

赋得古原草送别

[唐] 白居易

离离原上草，一岁一枯荣。
野火烧不尽，春风吹又生。
远芳侵古道，晴翠接荒城。
又送王孙去，萋萋满别情。

距离地球最近的天体——月球

光怪陆离的溶洞

离乡背井
（甲骨文书法）

离奇
（甲骨文篆刻）

发 fā

甲骨文"发"字多种写法

甲骨文"发"字，属会意字。从二止，像两脚趾形；从又，像手之形；从"丨"符号，像手持的棍棒。整个字形结体表示两腿叉开，手持棍棒将其向前掷出，代表发出的意思。

本义为发出、发射。后来也解释为送出、发生、表达、开展、打开、散开等。

注意：甲骨文"发（fā）"字与甲骨文"发（fà）"字不同。

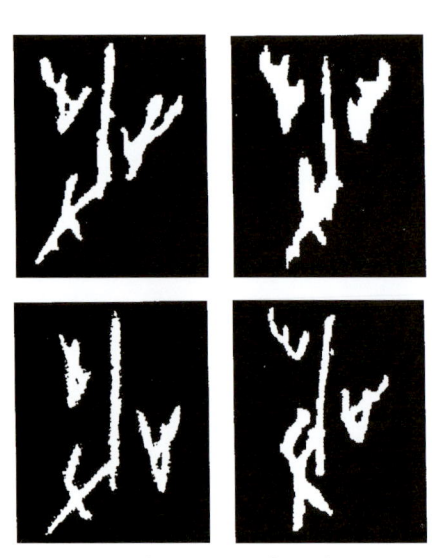

甲骨文"发"字拓片

书写时先写中间竖（曲或斜）画，再从上至下写代表止与手的笔画。注意各部首要顾盼生姿，用笔要浑厚拙朴。

读一读

发现、发生、发起、发火、发呆、启发、百发百中、发愤图强、发扬光大、先发制人、一触即发。

发财树

发人深省
（甲骨文书法）

毕昇发明了活字印刷术

发展
（甲骨文篆刻）

匆 cōng

甲骨文"匆"字写法

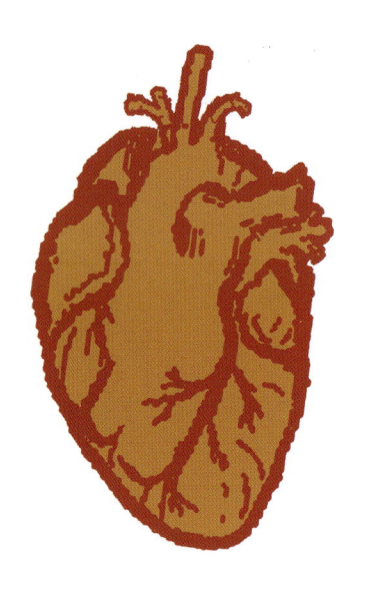

甲骨文"匆"即"悤"(cōng)字,从心,像心之形,从囱,心上方加"丨",中间或下方稍带圆鼓形,表示囱之形,表人心急火燎样如烟囱的烟连续不断之意,兼作声旁。可会心急、匆忙之意。属会意兼形声字。

甲骨文"匆"字拓片

书写时可从上至下顺序而书,也可以先写心部笔画,再写囟部笔画。

读一读

匆促、匆匆忙忙、行色匆匆、匆匆一别。

拓展阅读

县廨(xiè)海棠盛开二绝句(其一)

［宋］项安世

梅蕊才开杏又红,今年春事太匆匆。
堂前燕子归来到,双海棠花已满丛。

来去匆匆
(甲骨文书法)

路上的行人来去匆匆

岁月匆匆
(甲骨文篆刻)

汉字从哪里来——从甲骨文说起

旅
lǚ

甲骨文"旅"字，上面像一面旗帜，下面是两个人，表示众人。此可会众人会集于军旗之下，以示军队远征之意。属会意字。

本义是指军队。后来也解释为旅行的人、旅行、共同等。

甲骨文"旅"字多种写法

甲骨文"旅"字拓片

甲骨文"旅"字写法较多，可参照所附图例与拓片。书写时先写上方表示旗帜的笔画，再写下面两个人的笔画。注意旗帜的笔画要写得稍宽绰一些，预留好写两个人字的位置。各部分之间要呼应，错落自然到位，线条的粗细、轻重、方圆变化要丰富。

读一读

旅游、旅客、旅馆、旅程、风尘苦旅、旅进旅退。

拓展阅读

旅夜书怀

［唐］杜甫

细草微风岸，危樯独夜舟。
星垂平野阔，月涌大江流。
名岂文章著，官应老病休。
飘飘何所似，天地一沙鸥。

候鸟旅居
（甲骨文书法）

旅游景点人山人海

旅途
（甲骨文篆刻）

齿 chǐ

甲骨文"齿"字像是口中露出门牙之形。属象形字。

本义是指牙齿。后来也解释为带齿儿的、年龄、并列、提及等。

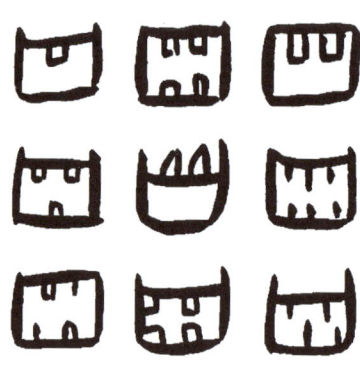

甲骨文"齿"字多种写法

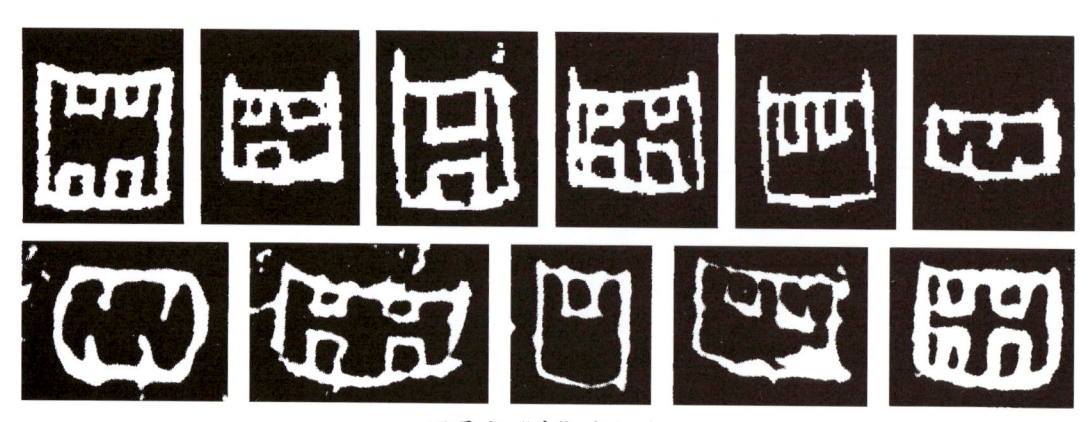

甲骨文"齿"字拓片

第五级

丨⺋⼚⼌口⿃

书写时先写口部，再写代表齿的笔画。注意用笔要有变化，切忌过于方正呆板。

读一读

皓齿、龋齿、不齿、齿轮、口齿伶俐、唇齿相依、不足挂齿、咬牙切齿、没齿难忘。

马齿苋

齿如齐贝
（甲骨文书法）

大象是牙齿最大的动物

蜗牛是牙齿最多的动物

齿寒
（甲骨文篆刻）

tīng
厅

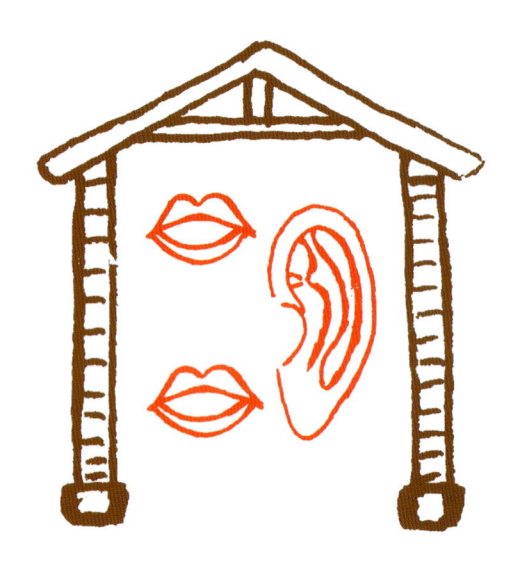

甲骨文"厅"字，从宀，像宽大的房屋之形；从耳，像耳朵之形；从口，像口之形。甲骨文"厅"字通假"庭"。本义指大厅。后来也解释为聚会或招待客人用的房间、某些省属机关的名称等。

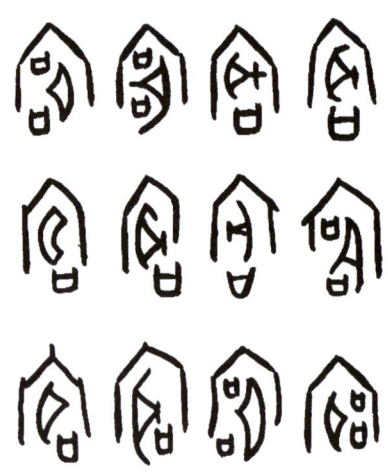

甲骨文"厅"字多种写法

甲骨文"厅"字拓片

书写时先写外框，注意不要写得过于窄小，再写口部笔画，最后写耳部笔画，注意各部分要匀称、正确，大小要合适。起笔收笔、提按运行，要控制好动作与速度，结体布白既不能松散也不能过于拥挤，线条质量要老辣朴实。

读一读

厅堂、厅院、正厅、厅长、餐厅。

拓展阅读

绕口令

客厅装厅灯，厅灯装客厅。
一厅装一灯，两厅装两灯，
三厅装三灯，四厅装四灯，
五厅装五灯，六厅装六灯。

舞厅
（甲骨文书法）

公安厅
（甲骨文篆刻）

音乐厅

dēng

登

甲骨文"登"字多种写法

甲骨文"登"字，上部有两只朝上的脚，表示向上登之意。中间是盛放食物的豆器，下部有两只手，表示双手捧食器登阶而上，以进献神祖之意。或省双手。属会意字。

本义指登升进献、进贡。后来也解释为（人）由低处到高处（多指步行）、记载、（谷物）成熟等。

甲骨文"登"字拓片

书写时从上至下、从左往右顺序而书。亦可先写中间豆部，再写上下代表足与手的部分。

读一读

攀登、登台、登报、登月、一步登天、粉墨登场、登高望远、难如登天、登峰造极、登堂入室。

拓展阅读

"从善如登，从恶如崩"出自《国语·周语下》。意思是：向好的发展就像登山一样艰难，向坏的发展就像山崩一样迅速。比喻学好很难，学坏非常容易。从善：顺从善道。从恶：顺从恶道。人总是有种难以克服的惰性，包括行动和道德上的惰性。行动上的惰性如好逸恶劳、"拖延症"等，如果能有严格的纪律约束，大体上总能克服。

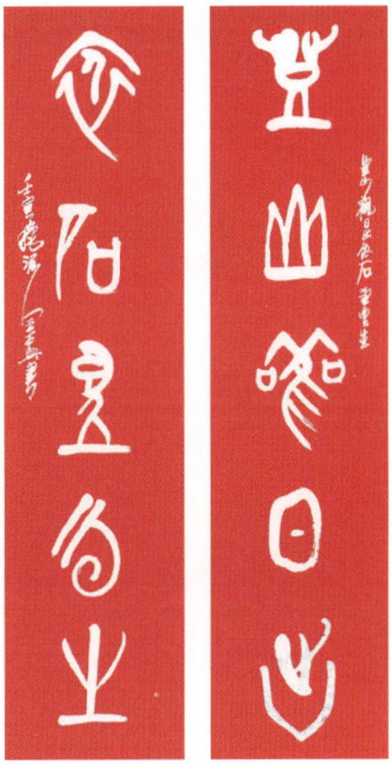

登山观日出　依石望云生
（甲骨文书法）

五谷丰登

五谷丰登
（甲骨文篆刻）

fù
富

甲骨文"富"字多种写法

甲骨文"富"字，从宀，像房屋之形，从酉，像盛酒之器形，带点的表示酒外溢。可会家有酒器，表示财产多而富有之意。属会意字。后"酉"讹为"畐"作标声，"富"遂成形声字。

本义指屋有酒器。后来也解释为财产多（跟"贫、穷"相对）、使变富、资源、丰富等。

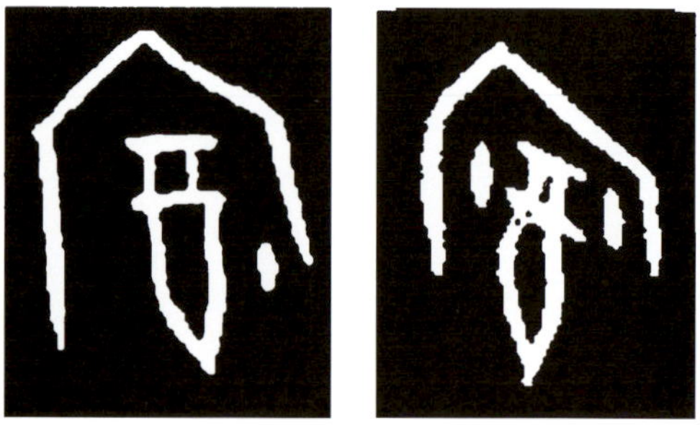

甲骨文"富"字拓片

书写时从上至下顺序而书。宀部要写得宽绰大方，酉部要写得逼肖生动。

读一读

富裕、富强、富足、荣华富贵、国强民富、富丽堂皇、富甲一方、富可敌国。

人间富贵花——牡丹

人民康乐　祖国富强
（甲骨文书法）

富饶的土地

学富五车
（甲骨文篆刻）

chái
柴

甲骨文"柴"字，从又，像人之手形；从示，表示祭祀用的祭台；最上面从木，或"×"符号，表示木柴。意思是用手将木柴放在祭台之上，焚烧以祭天神。属会意字。

本义是指烧柴以祭天。后来也解释为柴火、干瘦、质量低或品质差等。

甲骨文"柴"字多种写法

甲骨文"柴"字拓片

书写时从上至下、从左往右顺序而书。

读一读

柴草、柴房、柴火、柴米油盐、蓬户柴门、骨瘦如柴、磨刀不误砍柴工。

拓展阅读

逢雪宿芙蓉山主人

［唐］刘长卿

日暮苍山远，天寒白屋贫。
柴门闻犬吠，风雪夜归人。

火柴燃烧起来了

柴门闻犬吠　风雪夜归人
（甲骨文书法）

柴门草户
（甲骨文篆刻）

rán
燃

甲骨文"然"（燃）字多种写法

"燃"的本字为"然"，甲骨文"然"字，从犬，像狗之形；从火，像燃烧之火堆形。表示用火烤犬肉之意。属会意字。

甲骨文"然"的本义为燃烧。后来也解释为然而、如此、这样等。

甲骨文"然"（燃）字拓片

书写时从上至下顺序而书。注意犬、火紧密配合，上下协调。用笔要提按并用，疾涩兼顾，保持线条遒劲凝练、刚柔相济的质感。

读一读

点燃、自燃、燃料、燃气、燃放、燃眉之急、死灰复燃、寒灰更燃、余烬复燃。

枫叶像一团燃烧的火焰

煮豆燃萁
（甲骨文书法）

燃烧

可燃冰
（甲骨文篆刻）

蛛 zhū

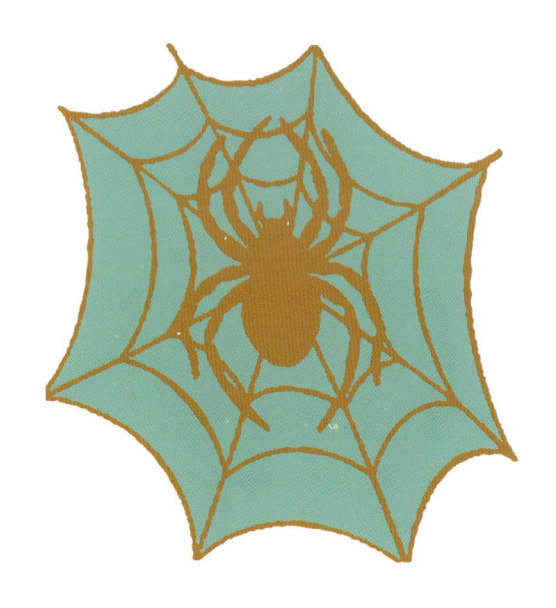

甲骨文"蛛"字多种写法

甲骨文"蛛"字,像蜘蛛形,其腹部有一至三道横画,此为蜘蛛在网上之状。属象形字。意思是蜘蛛。

甲骨文"蛛"字拓片

甲骨文"蛛"字写法较多，可参照所附图例与拓片。书写时先写中间代表身体的圆形笔画，再写圆形中间的一至三道横画。最后从上至下，写完代表四足的弯画。注意用笔要委婉圆转，不能生硬别扭，形态要写得生动自然。

读一读

喜蛛、蛛巢、蛛丝马迹、蛛网尘封。

拓展阅读

咏蜘蛛

[宋] 梅尧臣

日结一尺网，知吐几尺丝。
百虫为尔食，九腹常苦饥。

白首弃鸟羽　红妆占蛛丝
（甲骨文书法）

蜘蛛

蛛网
（甲骨文篆刻）

汉字从哪里来——从甲骨文说起

jiù
旧

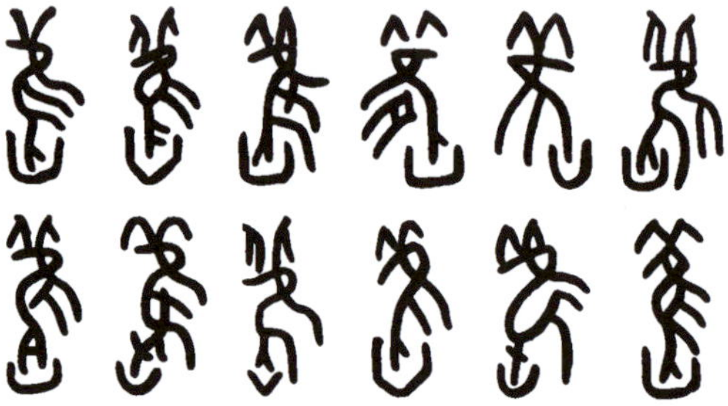

甲骨文"旧"字多种写法

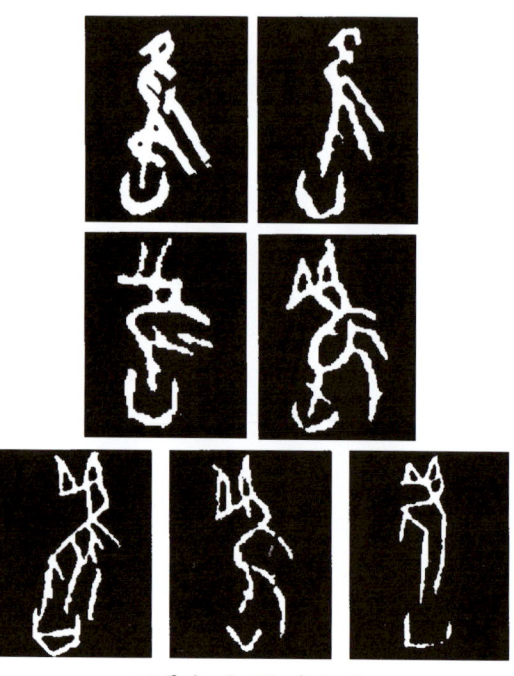

甲骨文"旧"字，像是一只有羽毛、有头耳、瞪大眼睛的猫头鹰之形，其爪像入窝之状。意为鸟宿旧巢。下从凹画为臼之省文，兼作标声。属形声字。

本义指鸟回旧巢。后来也解释为过去的、过时的、以前的、老交情、老朋友等。

甲骨文"旧"字拓片

甲骨文"旧"字写法较多，可参照所附图例与拓片。书写时从上至下顺序而书。

读一读

念旧、仍旧、陈旧、依旧、怀旧、喜新厌旧、除旧布新、旧地重游、旧调重弹、旧恨新仇、送旧迎新。

拓展阅读

元 日
[宋] 王安石

爆竹声中一岁除，春风送暖入屠苏。
千门万户曈曈日，总把新桃换旧符。

猜一猜

二十四小时。
（打一字）

民俗旧物

重温旧梦
（甲骨文篆刻）

汉字从哪里来——从甲骨文说起

gǎn
敢

甲骨文"敢"字多种写法

甲骨文"敢"字,从倒过来的豕,像冲过来的一头野猪之形;从干或毕(bì)等,都表示狩猎的工具;从又或廾(gǒng),像人单手或双手之形。三形会意,表示手持猎叉,刺向野兽,可会勇敢之意。也有整个字形上下倒换的,义同。属会意字。本义指勇敢。后来也解释为有勇气、莫非等。

甲骨文"敢"字拓片

书写时从上至下顺序而书。因诸多笔画较为短小，故用笔要平稳果断，起收自如，笔肚墨水含量不宜过多。结体以纵取势，但注意不要写得过长。

读一读

果敢、胆敢、敢于、敢情、敢作敢当、敢为人先、愧不敢当、敢想敢为。

拓展阅读

夜宿山寺

［唐］李白

危楼高百尺，手可摘星辰。
不敢高声语，恐惊天上人。

未敢苟同
（甲骨文书法）

勇敢者的游戏——冲浪

敢问
（甲骨文篆刻）

yǐ
以

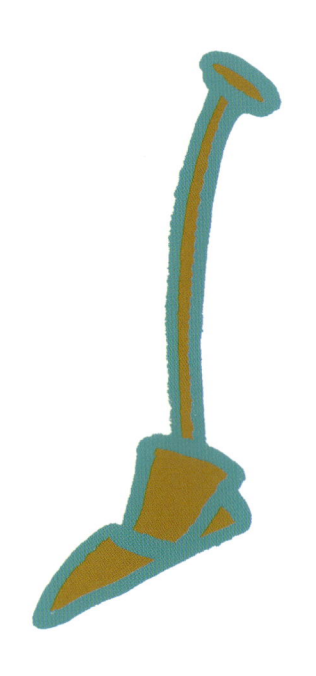

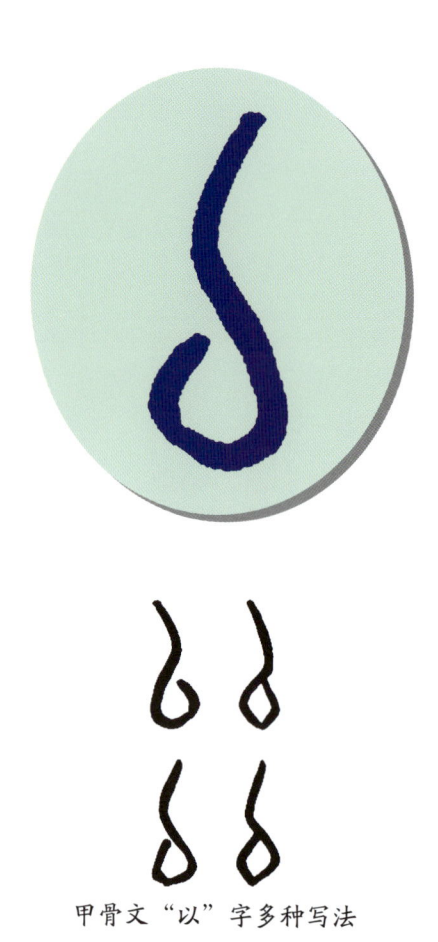

甲骨文"以"字多种写法

甲骨文"以"字,独体构形,像古代翻地用的犁、锸(chā)一类的农具。属象形会意字。

本义是指翻地的犁。后来也解释为因、用、在、依照等。

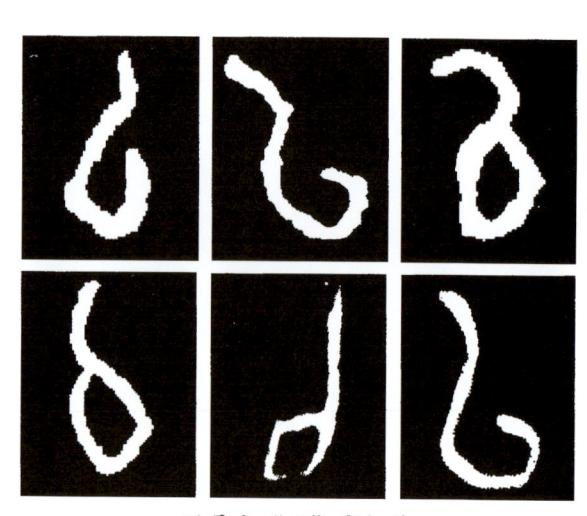

甲骨文"以"字拓片

书写时从上至下，笔随线转，一气呵成。

读一读

以后、以及、以前、以外、以便、以防万一、以一当十、以身作则、以此类推、以假乱真、以逸待劳、以理服人。

林则徐——以天下为己任

以赫厥灵　上帝不宁
（甲骨文书法）

能以假乱真的仿真花

以介眉寿
（甲骨文篆刻）

定 dìng

甲骨文"定"字多种写法

甲骨文"定"字，上方从宀，代表居室或房屋；下方从正，表示步行前往，并兼作标声。此可会人走入室内休息之意。属会意形声字。

本义应是安定。后来也解释为平静、固定、决定、规定的、约定、必定等。

甲骨文"定"字拓片

第五级

书写时先写上方宀部笔画，再写下方正部笔画。

读一读

定期、定位、规定、决定、必定、确定、心神不定、坚定不移、镇定自若、举棋不定、安心定志。

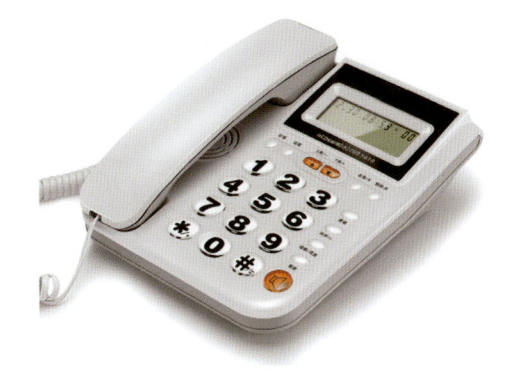

固定电话（座机）

猜一猜

一点一横梁，两边挂铃铛。
上字颠颠倒，人字拉拉长。
（打一字）

心安神定
（甲骨文书法）

永定土楼

一言为定
（甲骨文篆刻）

79

强

qiáng

其他读音：qiǎng，jiàng

甲骨文"强"字多种写法

甲骨文"强"字拓片

甲骨文"强"字，左右结体。从畕（jiāng），表示田囿（yòu），古代黄河下游广大平原皆为方形田囿，故像"畕"；从弓，表示像弓一样强硬有力。属会意字。

本义指像弓一样强硬。后来也解释为力量大、坚强、使强壮、优越等。

书写时从左往右、从上至下顺序而书。注意两个田部写得要有变化，避免雷同。

读一读

强烈、强盗、强健、顽强、坚强、富强、倔强（jiàng）、自强不息、差强人意、强国富民、强（qiǎng）人所难、强（qiǎng）词夺理。

少年强国心
（甲骨文书法）

榕树的生命力强、寿命长

强大
（甲骨文篆刻）

pán
盘

甲骨文"盘"字多种写法

甲骨文"盘"字，上部为"般"声，下部从口，表示器皿之口，像高圈足盘形。

本义指大口平底浅腹式盛水的盘。后来也解释为回旋、仔细查究、转让（工商企业）、搬运等。

甲骨文"盘"字拓片

书写时从左往右、从上至下顺序而书。先写殳部笔画，注意用笔要灵动活泼，顾盼呼应。再写舟部笔画，注意弯曲处要自然顺畅，匀称平稳。最后写口部笔画，注意不要写得过小，与其他部分协调吻合，线条要凝重含蓄而充满力度。

读一读

盘算、盘问、盘绕、盘点、和盘托出、一盘散沙、如意算盘。

拓展阅读

盘古开天辟地的神话故事

最初天和地还没有分开，宇宙混沌一片。有个叫盘古的巨人，在这个混沌的宇宙中睡了一万八千年。有一天，盘古突然醒了。他见周围一片漆黑，就抡起大斧头，朝眼前的黑暗猛劈过去。只听一声巨响，一片黑暗的东西渐渐分散开了。缓缓上升的东西变成了天，慢慢下降的东西变成了地。天和地分开以后，盘古怕它们会合拢上，便头顶着天，脚蹬着地。自此以后，天每日升高一丈，盘古也随着每日长高一丈。又过了一万八千年，天和地变得稳固，盘古也累倒了。就在他死的那一刻，他呼出的气变成了风和云；他发出的声音化作了隆隆的雷声；他的双眼变成了太阳和月亮；他的四肢变成了高山大川；他的肌肤变成了草地林木；他的血液变成了奔流不息的江河；他的汗水变成了滋润万物的雨露。

盘根错节

U盘
（甲骨文篆刻）

汉字从哪里来——从甲骨文说起

fǔ
斧

甲骨文"斧"字多种写法

甲骨文"斧"字，从斤，像斧子之形；从父，像手持斧形，这里兼作标声。可会手持斧子砍伐之意。属会意兼形声字。

本义是斧子，后来也解释为古代一种兵器。

甲骨文"斧"字拓片

书写时从左往右顺序而书。先写父部笔画，再写斤部笔画。注意用笔要逆锋入纸，中锋运行，提笔而收。其中折画和曲画皆要顺其自然，斩钉截铁，不留斧痕。

读一读

斧头、战斧、刀斧、班门弄斧、大刀阔斧、疑人偷斧。

拓展阅读

樵　夫

［宋］萧德藻

一担干柴古渡头，盘缠一日颇优游。归来涧底磨刀斧，又作全家明日谋。

鬼斧神工
（甲骨文书法）

斧头

斧正
（甲骨文篆刻）

tuī
推

甲骨文"推"字多种写法

甲骨文"推"字，从隹（zhuī），像鸟之形；从攴（pū），像手持棍棒一类器具。两形会意即表示手持棍棒敲击鸟。可会打鸟之意。属会意字。

本义为击鸟。后来也解释为使事情开展、让给别人、推托、推迟、推选等。

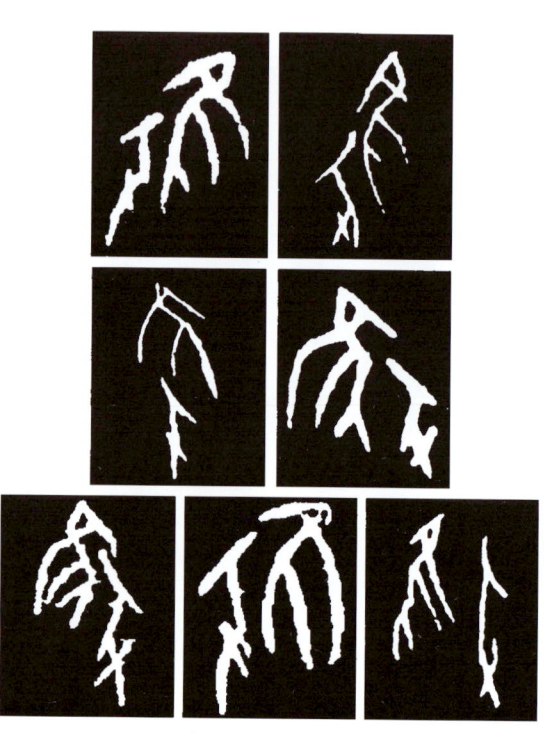

甲骨文"推"字拓片

甲骨文"推"字写法较多，可参照所附图例与拓片。书写时先写隹部笔画，再写其他笔画。注意两部分揖让呼应，配合协调。把握好线条的起止，以及用笔的动作要完备到位。

读一读

推崇、推导、推动、推断、推翻、推广、推举、推敲、推让、推三阻四、推陈出新、推心置腹、推本溯源、推波助澜。

拓展阅读

《南史·王泰传》记载：王泰只有几岁的时候，有一次，祖母把孙儿、侄儿叫在一起，将枣和栗子倒在床上给他们吃，其他小孩都抢着拿，唯独王泰不拿，问他为什么，他回答说："不拿，自然也会分得到。"

《后汉书·孔融传》记载：孔融四岁时，每次和几个哥哥一起吃梨，孔融总是拿最小的，大人问他为什么，他回答说："我人小，按道理应当拿小的。"

后人把这两个故事结合在一起，叫做"让枣推梨"，用以比喻兄弟友爱。

推己及人
（甲骨文书法）

农夫推着车

推三推四
（甲骨文篆刻）

骨

gǔ

其他读音：gū

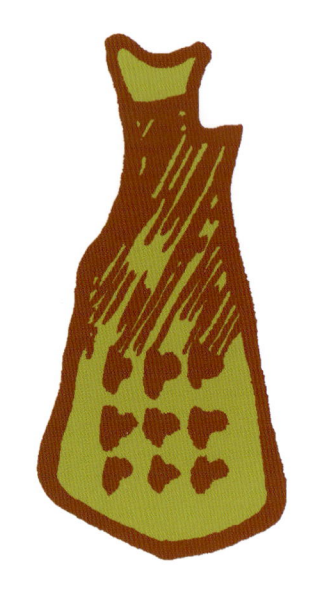

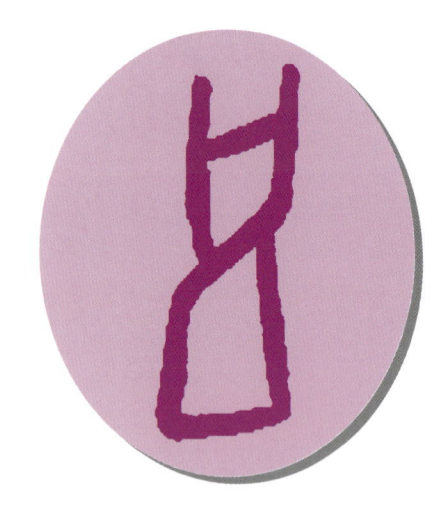

甲骨文"骨"字多种写法

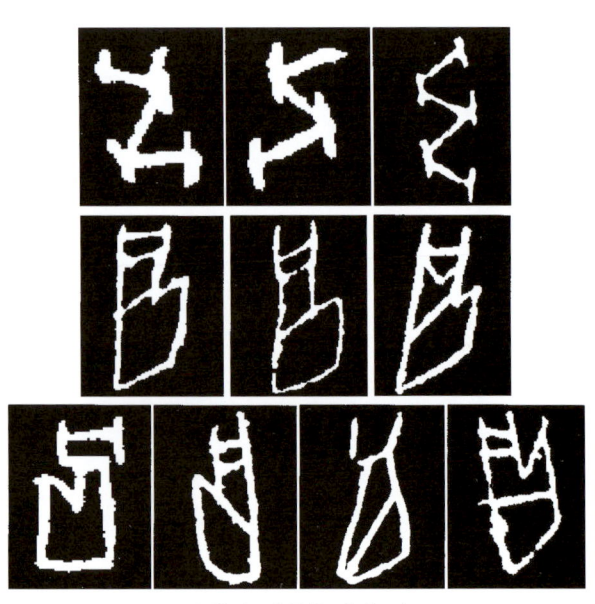

甲骨文"骨"字拓片

甲骨文"骨"字，独体构形，像肩胛骨形。属象形字。

本义是指骨头。后来也解释为像骨的东西、人的品质等。

甲骨文"骨"字的写法较多，可参照所附图例。书写时从上至下、从外向里顺序而书。注意骨字的形态，要生动多姿，力避平板。

读一读

骨折、骨气、筋骨、刺骨、傲骨、风骨、粉身碎骨、毛骨悚然、脱胎换骨、骨肉至亲、骨软筋酥、骨瘦如柴。

拓展阅读

石灰吟

[明] 于谦

千锤万凿出深山，
烈火焚烧若等闲。
粉骨碎身浑不怕，
要留清白在人间。

龙骨（中药）

骨肉相连
（甲骨文书法）

花骨朵

亲如骨肉
（甲骨文篆刻）

泪 lèi

甲骨文"泪"字多种写法

甲骨文"泪"字，从目，像人之眼睛；从水，像泪水。可会泪水涟涟而下之意。属象形字。意思是眼泪。

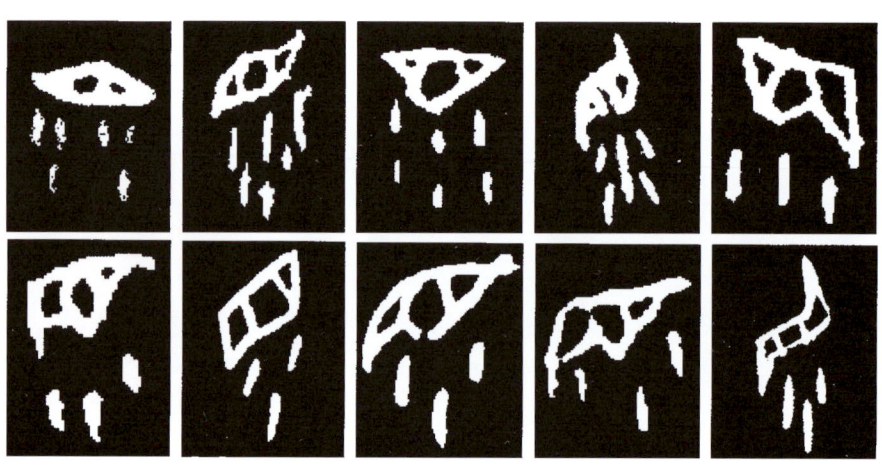

甲骨文"泪"字拓片

甲骨文"泪"字写法较多，可参照所附图例与拓片。书写时先写目部，再写下面的点画，注意变化，不要雷同。

读一读

泪珠、泪痕、泪花、含泪、声泪俱下、热泪盈眶、泪如泉涌、催人泪下、老泪纵横、泪流满面。

多肉植物——天使之泪

拓展阅读

我爱这土地

艾青

假如我是一只鸟，
我也应该用嘶哑的喉咙歌唱：
这被暴风雨所打击着的土地，
这永远汹涌着我们的悲愤的河流，
这无止息地吹刮着的激怒的风，
和那来自林间的无比温柔的黎明……
——然后我死了，
连羽毛也腐烂在土地里面。
为什么我的眼里常含泪水？
因为我对这土地爱得深沉……

桃花泪（桃胶）

泪如雨下
（甲骨文篆刻）

宣 xuān

甲骨文"宣"字多种写法

甲骨文"宣"字，从宀，像房屋形；从回，像河流中漩涡之回环形。可会有回环水云纹装饰的高大房屋之意。属会意兼形声字。

本义指有水云纹装饰的透光通气的高房，此为天子颁布诏令的地方。后来也解释为公开说出来、宣召、疏导等。

甲骨文"宣"字拓片

书写时先写上方代表房屋的笔画，斜、竖要对应，宽绰生动，讲究气局。再写回部笔画，要回环自然，浑厚朴拙，接笔处要顺畅通达，不露痕迹。

读一读

宣扬、宣布、宣读、宣判、宣誓、宣讲、心照不宣、照本宣科、不宣而战、秘而不宣。

宣纸

交通安全宣传海报

八一宣言
（甲骨文书法）

宣言书
（甲骨文篆刻）

孝 xiào

甲骨文"孝"字写法

甲骨文"孝"字,上下合体构形,上从老之省文,像长着长发的老年人;下从子,像儿子背着老人之形。属会意字。

本义指孝顺。后来也解释为丧服等。

甲骨文"孝"字拓片

书写时从上至下，先写上部笔画，再写子部笔画，注意整个结体不要写得过窄过长，上下斜画注意对应，起笔注意方圆变化。

读一读

孝子、孝敬、孝心、尽孝、孝道、忤逆不孝、忠孝两全、母慈子孝。

上慈下孝

孝亲尊师
（甲骨文书法）

拓展阅读

黄香温席

东汉时，有个叫黄香的人，以孝顺父母出名。

九岁时，他的母亲便去世了，父亲一人养育他。他深知父亲的辛苦，便细心地照顾父亲，一人包揽了所有的家务活。别的小孩在玩耍时，他在家里劈柴做饭，好让父亲有更多的时间休息。

夏天，天气炎热，为了能让父亲尽快入睡，黄香就用扇子把床扇凉，再让父亲去睡。冬天，天寒地冻，他怕父亲着凉，就先钻到冰冷的被窝里，用自己的身体把被窝暖热，再让父亲上床睡觉。日久天长，黄香对父亲的孝道深得乡邻的称赞。

这个故事启示我们，要从小孝顺父母，要感恩父母，从小事做起。

孝子贤孙
（甲骨文篆刻）

顺 shùn

甲骨文"顺"字多种写法

甲骨文"顺"字拓片

甲骨文"顺"字，左边的三曲画代表流水；右边从见，像人侧视之形。两形会意表示一人顺着水流方向看。属会意字。甲骨文"见"与"页"皆代表人形，只是"页"突出头颅，"见"突出眼睛。

本义是指沿着同一方向。后来也解释为沿（着）、顺利、顺从、适合等。

书写时先写三竖曲画,注意曲画的对应及弯度动向等变化。见部笔画要写得凝练遒劲,结体要匀称生动。

读一读

顺势、顺序、顺从、顺手、顺心、顺路、顺利、顺手牵羊、顺水推舟、顺流而下、顺理成章、顺藤摸瓜、风调雨顺。

猜一猜

三张纸。
(打一字)

"一帆风顺"剪纸

逆来顺受
(甲骨文书法)

名正言顺
(甲骨文篆刻)

wǎng
网

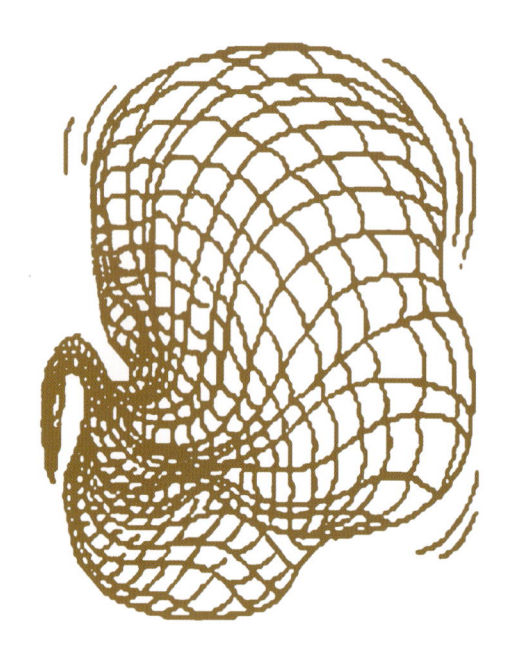

甲骨文"网"字，像是鱼网形。属象形字。

本义是指用绳结成的网。后来也解释为形状像网的东西、用网捕捉等。

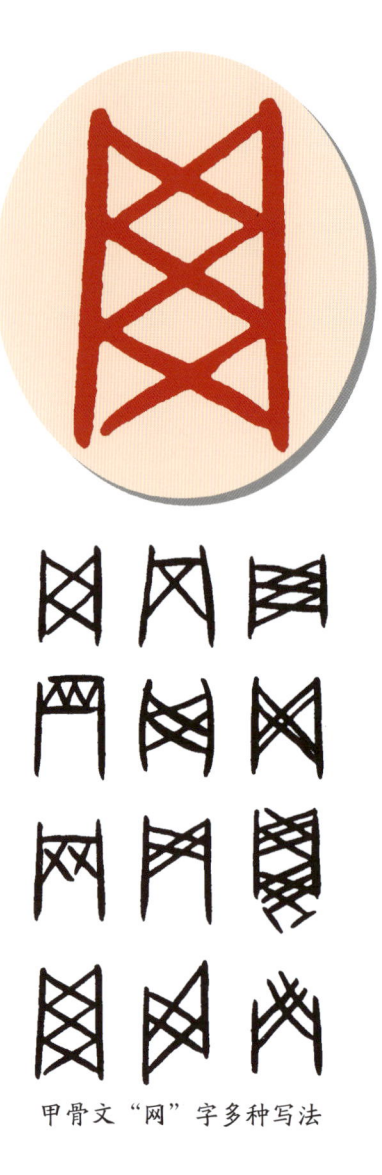

甲骨文"网"字多种写法

甲骨文"网"字拓片

甲骨文"网"字的写法较多，参照所附图例与拓片。书写时先写左右两边长竖画，再从左边向右下写完全部斜画，后从右边向左下写完全部斜画。注意用笔必须逆入回出，行笔不宜过快，提按涩进。线条之间讲究平稳匀称。结体布白要疏密有致，变化丰富，避免呆板与雷同。

读一读

网络、网格、网罗、渔网、电网、天罗地网、一网打尽、自投罗网、鱼死网破、网开一面。

拓展阅读

"天网恢恢，疏而不漏"是一个汉语成语，出自《老子》。意思是天道公平，作恶就要受到惩罚，它看起来似乎很不周密，但最终不会放过一个坏人。比喻作恶的人终究逃脱不了国法的惩处。

蜘蛛网

网格图形

网页
（甲骨文篆刻）

bǔ
卜

其他读音：bo 等

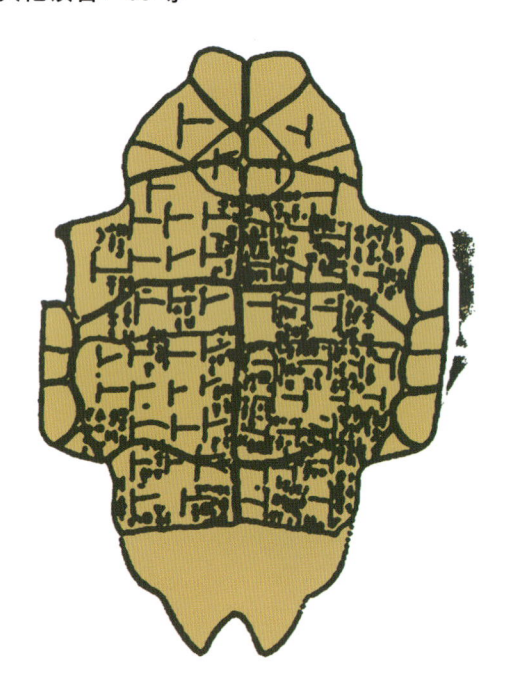

甲骨文"卜"字多种写法

甲骨文"卜"字，像是龟甲灼烧后出现的纵横开裂的纹路形，属象形字。殷商时代信鬼神，通过火烧龟甲，并根据甲骨被烧出来的裂纹来推测吉凶。

本义是指灼烧龟甲兽骨取兆象以预测吉凶。后来也解释为预料、选择等。

甲骨文"卜"字拓片

卜

书写时先写长竖画，再写斜画。注意用笔要提按兼施，不可飘忽浮滑。

读一读

卜文、卜辞、问卜、生死未卜、卜夜卜昼、求神问卜、唯邻是卜。

拓展阅读

卜算子·咏梅

毛泽东

风雨送春归，飞雪迎春到。
已是悬崖百丈冰，犹有花枝俏。
俏也不争春，只把春来报。
待到山花烂漫时，她在丛中笑。

萝卜

未卜先知
（甲骨文书法）

卜骨
（甲骨文篆刻）

弹 dàn

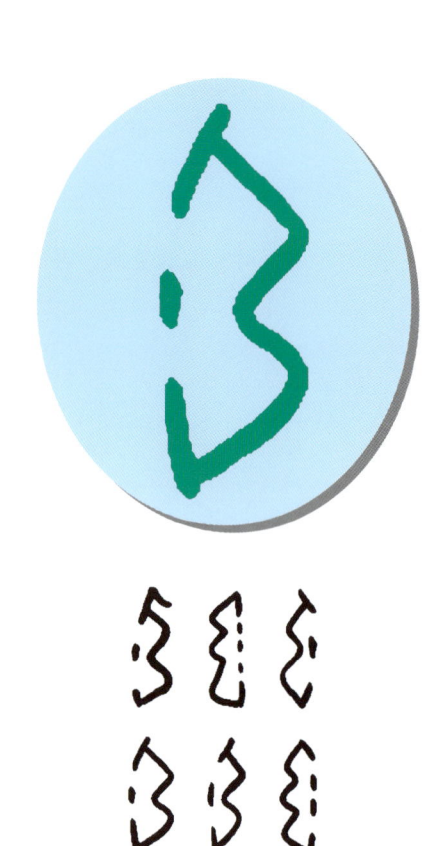

甲骨文"弹"字多种写法

甲骨文"弹"字,从弓,弓上有一至三笔短点画,表示子弹之形,为了突出这些子弹,其周围呈悬空状。

本义为弹丸。引申为子弹、弹弓等。与另一"弹"(读作 tán)的甲骨文是不同的两个字,不能混淆。

甲骨文"弹"字拓片

弓 弓 弓 弓

书写时先写弓部主曲画，笔随线转，随弯带弯，自然顺畅，不要有生硬呆板痕。最后写中间的一至三笔短点画。

读一读

弹药、弹壳、弹头、弹孔、弹夹、糖衣炮弹、枪林弹雨、弹丸之地、弹无虚发、弹尽粮绝。

猜一猜

一边无双，
一边不直。
（打一字）

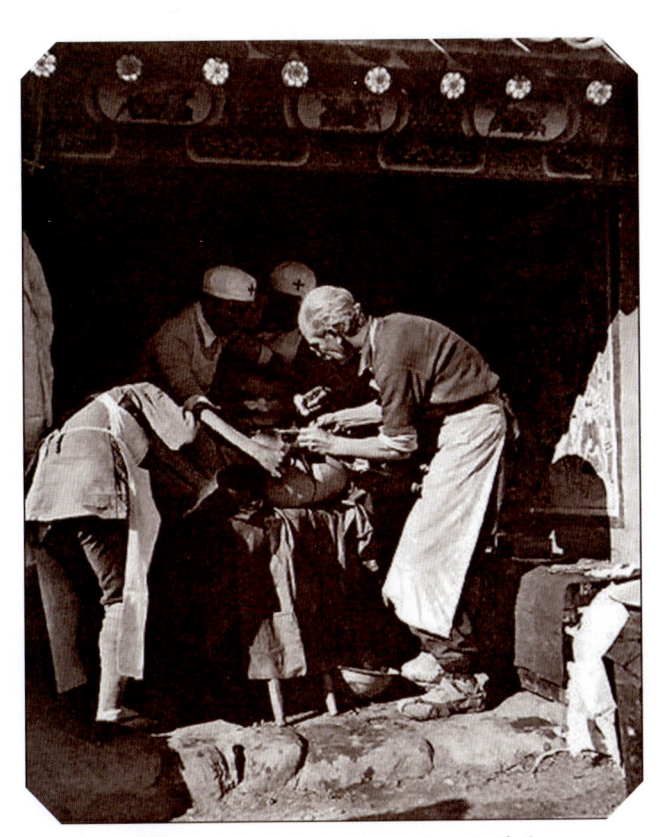

白求恩从伤员的腹腔里取出一块弹片

弹弓

子弹
（甲骨文篆刻）

diǎn
典

甲骨文"典"字多种写法

甲骨文"典"字,从册,像简册之形,从双手,像用双手捧简册将其置于基台上,下面带二短横者,疑似简册之下的垫物,即基台。以示祭祀神灵的隆重仪式之意。属会意字。

本义指捧出重要的文书以祭告神灵之仪式。后来也解释为典范性书籍、法则、典故、主持、抵押等。

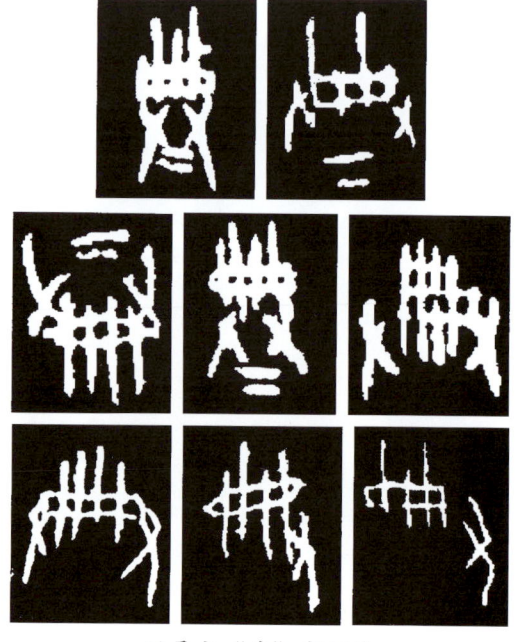

甲骨文"典"字拓片

书写时先写上面的口部，横向可写得稍宽一些。再写穿插口部上下的三至四笔竖画，注意长短、大小、粗细不一，参差错落。之后再写左右代表手的又部笔画，带短横者最后依次写完。

读一读

典型、典礼、典雅、典故、典藏、典押、典身卖命、引经据典、数典忘祖、雍容典雅。

字典

古典文学
（甲骨文书法）

中国古村落的典范——诸葛村

典艺
（甲骨文篆刻）

táng
唐

甲骨文"唐"字多种写法

甲骨文"唐"字，从口，像人之口形；从庚，兼表声，像古代钲（zhēng）铃一类乐器。表示说话大声，像钟铃般响亮，可会说大话之意。属会意形声字。

本义指大声说话，后来也解释为朝代、虚夸、空、徒然等。

甲骨文"唐"字拓片

甲骨文"唐"字的写法较多，可参照所附图例与拓片。书写时从上至下顺序而书。

读一读

唐突、荒唐、盛唐、李唐、冯唐易老、颓唐不安。

唐三彩

唐宋八大家
（甲骨文书法）

唐太宗李世民

唐诗三百首
（甲骨文篆刻）

图 tú

甲骨文"图"字多种写法

甲骨文"图"字，像仓形，从口，像器物口形，可会有器物存放仓内之意。属会意字。

本义为藏谷之仓。后来也解释为图画、谋划、贪图、意图、绘等。

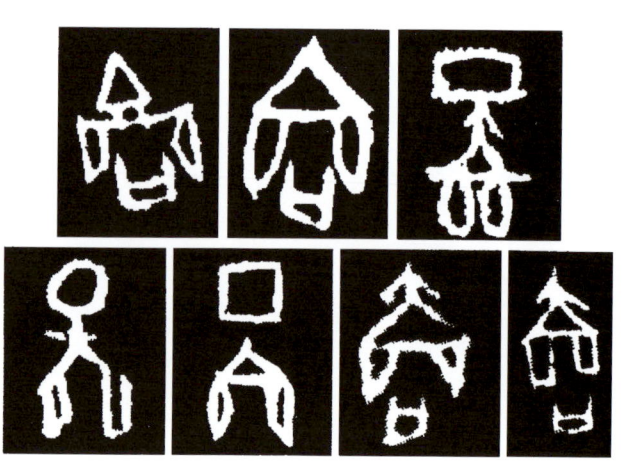

甲骨文"图"字拓片

甲骨文"图"字写法较多，可参照所附图例与拓片。书写时从上至下、从左往右顺序而书。

读一读

图像、插图、企图、宏图、贪图、草图、妄图、励精图治、图文并茂、图穷匕见、有利可图。

猜一猜

一口吃掉个大冬瓜。

（打一字）

图书馆

左图右书
（甲骨文书法）

图画
（甲骨文篆刻）

欠 qiàn

甲骨文"欠"字多种写法

甲骨文"欠"字，像一跪着的人张口之形，属象形字。

本义是指人倦时打呵欠。后来也解释为不够、缺乏、借别人的财物没有还等。

甲骨文"欠"字拓片

书写时从上至下顺序而书。独体结构，尤要注意结体形态，强调顾盼呼应、神情动势。切忌死板呆滞。

读一读

欠缺、欠债、欠安、欠佳、欠妥、拖欠、哈欠连天。

猜一猜

做饭没有火，吹气不用嘴，喜欢又跑了，借钱又不还。

（打一字）

拓展阅读

"万事俱备，只欠东风"出自《三国演义》。赤壁大战之前，周瑜定计用火攻破敌，一日周瑜检阅水军时忽然想起不刮东风火攻便无法实行，一时急火攻心而病倒。诸葛亮前来探病猜到了周瑜的病因，便在药方上写下了"万事俱备，只欠东风"。诸葛亮通晓天文，估计近期内风向正该调为东南风。周瑜一扫愁容，表示只需一夜东南风，便可大功告成。后以此比喻一切准备工作都做好了，只差最后一个重要条件。

打哈欠

只欠东风
（甲骨文篆刻）

宜 yí

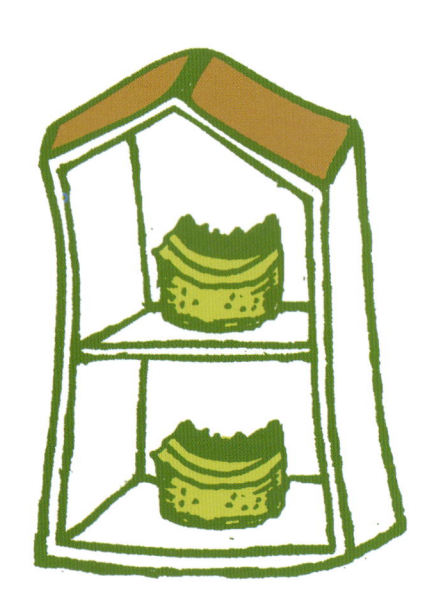

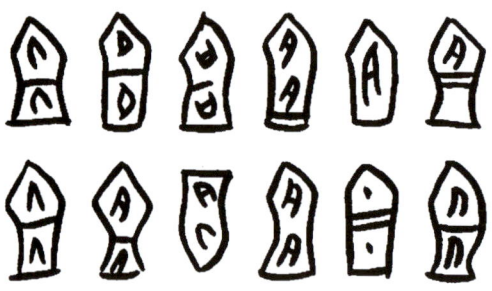

甲骨文"宜"字多种写法

甲骨文"宜"字拓片

甲骨文"宜"字，从且，表示断木做的案板或盛肉的器具；从夕，表示肉，像肉放置在神祖前的几案上，夕的个数不等但意思相同。表示进行祭祀仪式或活动。属会意字。

本义为古代祭祀时放置祭品的礼器。后来也解释为应当、合适、当然等。

甲骨文"宜"字的写法较多,可参照所附图例与拓片。书写时从外到里、从上至下顺序而书。

读一读

相宜、适宜、便宜、不宜、宜人、合宜、权宜之计、便宜行事、不合时宜、事不宜迟、因地制宜。

拓展阅读

饮湖上初晴后雨二首(其二)

［宋］苏轼

水光潋滟晴方好,山色空蒙雨亦奇。
欲把西湖比西子,淡妆浓抹总相宜。

春色宜人
(甲骨文书法)

夏日荷塘美景宜人

方圆相宜
(甲骨文篆刻)

汉字从哪里来——从甲骨文说起

wèi
未

甲骨文"未"字，像是树木枝叶郁葱繁茂之形。属象形字。

本义是指枝叶繁茂。后来也解释为不、没有等。

甲骨文"未"字多种写法

甲骨文"未"字拓片

甲骨文"未"字写法较多，可参照所附图例与拓片。书写时先写中间主竖画，再从上至下写完两侧笔画。

读一读

未来、未免、未知、未定、未尝、前所未有、闻所未闻、素未谋面、未能免俗、未卜先知、未雨绸缪、未老先衰。

拓展阅读

秋夜寄邱员外

［唐］韦应物

怀君属秋夜，散步咏凉天。

空山松子落，幽人应未眠。

猜一猜

去一半，来一半。

（打一字）

未曾相识

（甲骨文书法）

潭面无风镜未磨

子丑寅卯辰巳午未申酉戌亥

（甲骨文篆刻）

逢 féng

甲骨文"逢"字多种写法

甲骨文"逢"字,从彳,像行道路口;从夂(suī),像人脚趾之倒形,表示人由外向内走来;从丰,像草木丰茂之形,这里兼作表声。可会人在路中相遇之意。属会意形声字。

本义为相遇。后来也解释为遇到等。

甲骨文"逢"字拓片

书写时从左往右、从上至下顺序而书。

读一读

逢迎、重逢、每逢、萍水相逢、棋逢对手、左右逢源、绝处逢生、逢场作戏、逢山开路。

拓展阅读

逢老人

[唐]隐峦

路逢一老翁，两鬓白如雪。
一里二里行，四回五回歇。

花逢春雨发
（甲骨文书法）

枯木逢春

逢凶化吉
（甲骨文篆刻）

载

zài

其他读音：zǎi

甲骨文"载"字多种写法

甲骨文"载"字，像一人伸出两臂手持熟食祭神之意，属会意字。本义是献熟食祭神。后来也解释为承受、充满、记载等。

甲骨文"载"字拓片

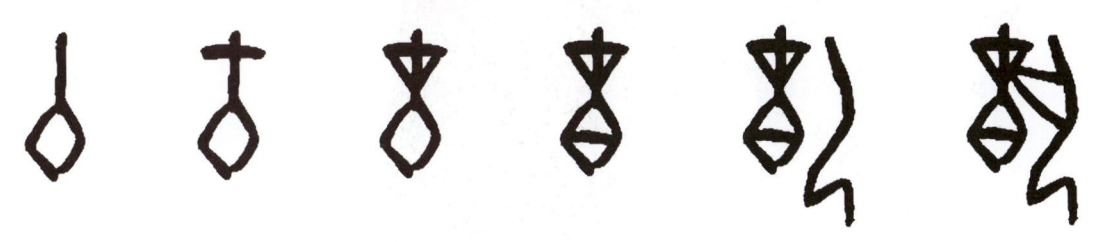

甲骨文"载"字写法较多,可参照所附图例与拓片。书写时从上至下、从左往右顺序而书。

读一读

下载、卸载、承载、超载、转载(zǎi)、刊载(zǎi)、怨声载道、满载而归、一年半载(zǎi)、三年五载(zǎi)。

拓展阅读

黄鹤楼（节选）

[唐]崔颢

昔人已乘黄鹤去，
此地空余黄鹤楼。
黄鹤一去不复返，
白云千载空悠悠。

载歌载舞

船上满载着银光闪闪的鱼

厚德载物
（甲骨文篆刻）

膝 xī

甲骨文"膝"字多种写法

甲骨文"膝"字拓片

甲骨文"膝"字，从人，像人侧立之形。小圈为指事符号，表示大腿与小腿之间的膝盖部分。属指事字。意思是膝盖。

第五级

书写时先写人部笔画，要写得自然挺拔，刚健遒劲。指事符小圈不要写得过上，以免与"身"字混淆。

读一读

屈膝、护膝、盘膝、卑躬屈膝、承欢膝下、屈膝求和、促膝谈心、奴颜婢膝。

男儿膝下有黄金
（甲骨文书法）

抱膝跳水

膝下
（甲骨文篆刻）

121

lín
临

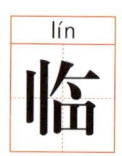

甲骨文"临"字，从人，像人侧立之形；从臣，像竖目之形；从丫，表示所见众多草木等。突出竖目，以会居高处面向低处之意。属会意字。

本义指临下。后来也解释为靠近、来到、照着字画模仿等。

甲骨文"临"字拓片

第五级

书写时从左往右、从上至下顺序而书。

读一读

　　临时、临近、临走、面临、来临、降临、居高临下、玉树临风、临阵脱逃、临危不惧、临阵磨枪、临时抱佛脚。

临危受命
（甲骨文书法）

拓展阅读

　　"临渊羡鱼，不如退而结网。"意思是站在河塘边，与其急切地期盼着、幻想着鱼儿到手，还不如回去下功夫结好渔网，这样就不愁得不到鱼。比喻只有愿望而没有措施，对事情毫无好处。或者比喻只希望得到而不将希望付诸行动。

临渊羡鱼
（甲骨文篆刻）

城市临水而建

123

宝 bǎo

甲骨文"宝"字多种写法

甲骨文"宝"字，上从宀，像房屋形；下从贝，表示货币；从玉，表示钱财与宝贝。可会室内有珍宝之意。属会意字。

本义是指宝贝。后来也解释为珍贵的东西、珍贵的等。

甲骨文"宝"字拓片

书写时先写上部的外框，再写下部的贝、玉等部分。注意各部分比例要适当，布白结体要精当到位。

读一读

宝剑、宝岛、宝藏、宝贵、法宝、墨宝、无价之宝、珠光宝气、如获至宝、招财进宝、奇珍异宝、宝刀不老。

文房四宝

传家宝
（甲骨文书法）

宝石

宝岛
（甲骨文篆刻）

chàng
畅

甲骨文"鬯"（畅）字多种写法

甲骨文"畅"字即"鬯"字，像盛酒、滤酒的器具，上为器身，下有器底或器足，中间有米粒。可会用谷物酿酒之意。属象形字。

本义是指酿酒。后来"鬯"通"畅"字，畅的意思是没有阻碍、尽情等。

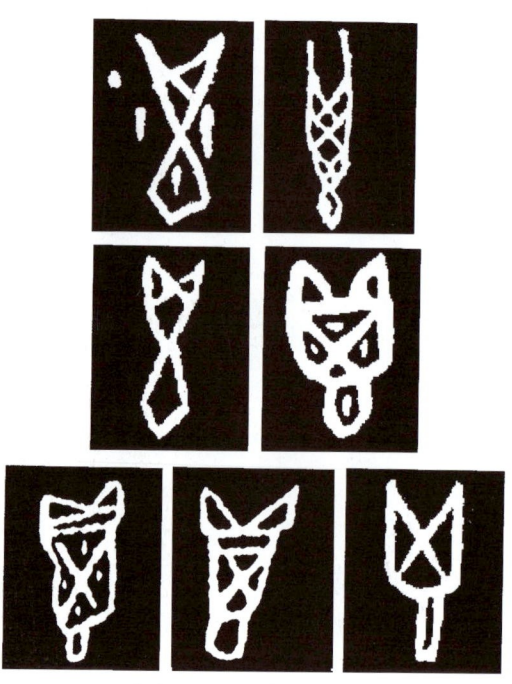

甲骨文"鬯"（畅）字拓片

书写时先写凵部笔画，再写中间的笔画，最后写下面代表器底的笔画。

读一读

畅游、畅通、舒畅、畅快、畅想、畅所欲言、开怀畅饮、酣畅淋漓。

畅通无阻

笔畅
（甲骨文书法）

动作流畅

惠风和畅
（甲骨文篆刻）

粪 fèn

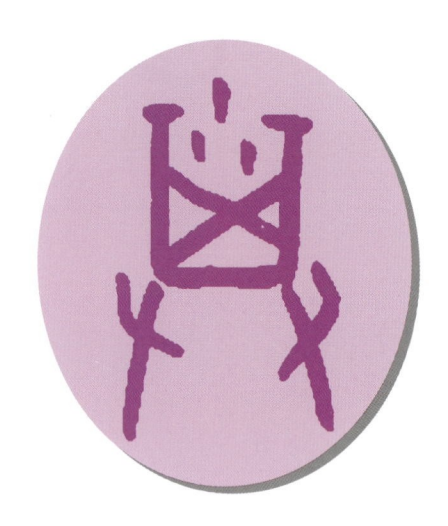

甲骨文"粪"字多种写法

甲骨文"粪"字,从廾(gǒng),像双手作捧状;从箕(jī),像簸(bò)箕之形;从三点、二点不等,义同,表示污物、垃圾等。可会执箕弃除污物之意。属会意字。

本义指弃除污物。后来也解释为屎、扫除、施肥等。

甲骨文"粪"字拓片

书写时从上至下、从左往右顺序而书。

读一读

粪便、粪池、粪车、粪坑、粪堆、视如粪土、粪土不如、朽木粪土。

猜一猜

洪水下降一米。
（打一字）

动物粪便发酵有机肥

树下有很多白色的鸟粪

粪土
（甲骨文篆刻）

shì
视

甲骨文"视"字多种写法

甲骨文"视"字，属会意形声字。上从示，为古代原始祭台，这里兼作声旁；下从目，目光向上看着神灵的祭品。

本义指审视、察看等。后来也解释为看、看待、考察等。

甲骨文"视"字拓片

书写时先写下方横向的目部，再写上方的示部笔画。

读一读

视觉、视野、视角、视线、忽视、凝视、一视同仁、怒目而视、相视而笑、视为知己、视同儿戏、视死如归、视若无睹。

电视塔

视而不见
（甲骨文书法）

缅怀视死如归的革命先烈

视角
（甲骨文篆刻）

rǔ 乳

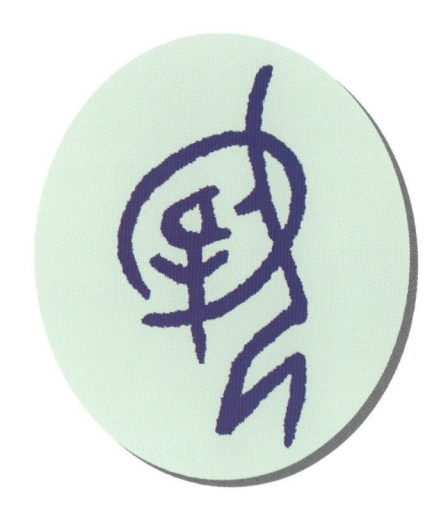

甲骨文"乳"字多种写法

甲骨文"乳"字，像是妇人双手抱子于胸前喂奶之形。属象形字。

本义是指哺乳。后来也解释为生殖、奶汁、初生的、像奶汁的东西等。

甲骨文"乳"字拓片

书写时先写代表双手的圆曲画,再写代表跪着人的长曲画,最后写子部。要写得自然、圆转、匀称。部首间紧密配合,互相呼应,结体形态要生动多姿。

读一读

乳名、乳胶、乳糖、乳牙、乳黄、乳声乳气、水乳交融。

豆腐乳——中国传统民间美食

乳臭未干
(甲骨文书法)

整个森林浸在乳白色的浓雾里

乳牛
(甲骨文篆刻)

lián
联

甲骨文"联"字多种写法

  甲骨文"联"字，从耳，像耳朵之形；从幺（yāo），表示丝绳。可会以丝绳贯穿耳朵之意。由于古代鼎、盘、壶等器物多有耳，用丝或绳联贯器耳，所以从幺从耳。

  本义为联结。后来也解释为联合、对联等。

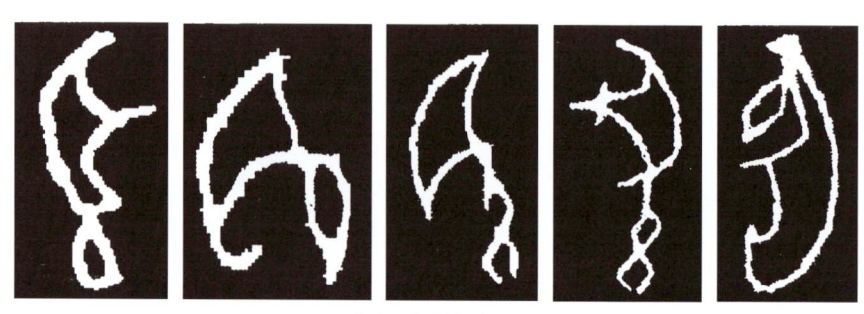

甲骨文"联"字拓片

甲骨文"联"字写法较多，可参照所附图例与拓片。书写时先写耳部，再写幺部。注意两者大小、连接等变化，用笔要委婉圆转，自然多姿。

读一读

联合、联系、联网、联想、联络、关联、浮想联翩、珠联璧合。

互联网

对联

血肉相联
（甲骨文书法）

春联
（甲骨文篆刻）

wǔ
武

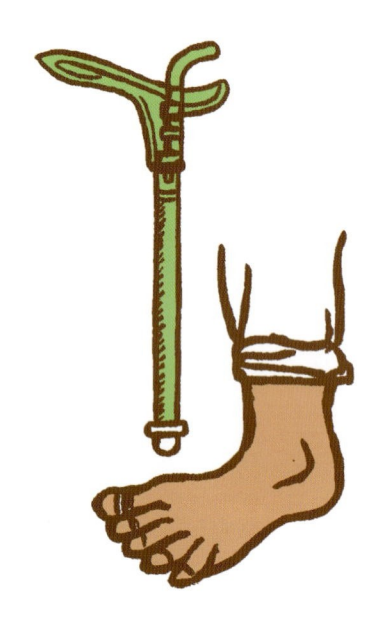

甲骨文"武"字多种写法

甲骨文"武"字,从戈(gē),表示戈类武器。从止,表示人的脚趾。可会持戈行进之意。属会意字。

本义是指出征讨伐。后来也解释为勇猛、关于技击的、关于军事的等。

甲骨文"武"字拓片

甲骨文"武"字的写法较多，可参照所附图例与拓片。书写时先写戈部笔画，再写止部笔画。注意形态结体不要写得过于瘦长。

读一读

威武、武断、英武、孔武有力、文武双全、文韬武略、武艺超群、英雄无用武之地。

武术

大龙虾全身披甲，样子挺威武

止戈为武
（甲骨文书法）

允文允武
（甲骨文篆刻）

亚 yà

甲骨文"亚"字多种写法

甲骨文"亚"字拓片

　　甲骨文"亚"字,像是古代聚族而居的大型建筑平面图形。殷代的城郭、庙堂以及帝王坟墓,其布局皆为此形,最早出土的商代玺印也有"亚"字形的印式。现今有些地方的四合院是其遗制。属象形字。

　　本义是指古代聚族而居的建筑平面图形。后来也解释为次一等、较差等。

第五级

甲骨文"亚"字写法较多，可参照所附图例与拓片。结体要匀称生动。

读一读

亚军、东亚、亚洲、亚肩迭背。

亚麻

生长于热带、亚热带的椰树

三亚西岛
（甲骨文书法）

亚马孙河
（甲骨文篆刻）

139

shuǎng
爽

甲骨文"爽"字。从大,像正面人形;从爻(yáo),像人手持舞具在舞蹈,或两手提着灯笼或火烛。可会明亮之意。属会意字。

本义为明亮光明。后来也解释为明朗、直率、舒畅、差错等。

甲骨文"爽"字多种写法

甲骨文"爽"字拓片

第五级

甲骨文"爽"字的写法较多，可参照所附图例与拓片。书写时先写大部笔画，再从左至右书写代表所持器物、火烛的笔画。注意大部写得稍长一些，左右要对应平稳，生动多姿。

读一读

爽快、爽朗、爽直、清爽、凉爽、干爽、金风送爽、神清气爽、英姿飒爽、屡试不爽。

猜一猜

发现四个大错误。
（打一字）

拓展阅读

"人逢喜事精神爽，月到中秋分外明"出自明朝冯梦龙《醒世恒言》。意思是，人在遇上喜事的时候，精神总是特别的开朗振作，就好像月亮到了中秋时候，就显得格外的清明、亮丽一样。

秋高气爽
（甲骨文书法）

爽口
（甲骨文篆刻）

秋高气爽

141